U0889148

快乐运动　健康成长

幼儿园园本体育课程开发的实践与探索

田尾香——著

海峡出版发行集团 | 海峡文艺出版社

图书在版编目(CIP)数据

快乐运动　健康成长：幼儿园园本体育课程开发的实践与探索/田尾香著. —福州：海峡文艺出版社，2023.8
ISBN 978-7-5550-3436-0

Ⅰ.①快…　Ⅱ.①田…　Ⅲ.①体育课—教学研究—学前教育　Ⅳ.①G613.7

中国国家版本馆 CIP 数据核字(2023)第 155765 号

快乐运动　健康成长
——幼儿园园本体育课程开发的实践与探索

田尾香　著
出 版 人　林　滨
责任编辑　邱戊琴
出版发行　海峡文艺出版社
经　　销　福建新华发行(集团)有限责任公司
社　　址　福州市东水路 76 号 14 层
发 行 部　0591—87536797
印　　刷　福建新华联合印务集团有限公司
厂　　址　福州市晋安区福兴大道 42 号
开　　本　720 毫米×1010 毫米　1/16
字　　数　200 千字
印　　张　14.5
版　　次　2023 年 8 月第 1 版
印　　次　2023 年 8 月第 1 次印刷
书　　号　ISBN 978-7-5550-3436-0
定　　价　48.00 元

如发现印装质量问题，请寄承印厂调换

序

2023年5月31日，习近平总书记在北京育英学校考察时指出，体育锻炼是增强少年儿童体质最有效的手段。现在生活条件好了，孩子们不是要吃得胖胖的，而是要长得壮壮的、练得棒棒的。体育锻炼要从小抓起。

健康是幼儿终生发展的关键基础，而幼儿体育是幼儿健康的关键保障。幼儿体育向来是国家关注的重要问题。2016年4月，国务院办公厅印发的《关于强化学校体育促进学生身心健康全面发展的意见》指出，幼儿园要依据幼儿年龄特点和遵循幼儿身心发展规律，开展丰富多彩的体育活动；2019年8月，国务院办公厅印发的《体育强国建设纲要》在“重大工程”专栏中强调，要推进幼儿体育发展，完善政策和保障体系；2021年公布的新一期《中国儿童发展纲要》也明确强调，要增强儿童身体素质，推进阳光体育运动，关涉“全面贯彻党的教育方针”“尊重儿童主体地位和权利”“培养良好亲子关系”“优化儿童健康成长的自然环境和人居环境”等多个重要领域。

幼儿体育的重要性和必要性在学前教育领域的相关文件中也得到了强调。2012年10月印发的《3—6岁儿童学习与发展指南》将健康领域作为儿童发展的首要领域，高度重视“适宜的锻炼”在儿童发展中的重要价值，强调全面发展儿童的体育兴趣、体育能力，保证体育时长，并建议将体育运用于科学领域的空间方位感发展中；2016年1月颁布的《幼儿园工作规程》提及体育六次，强调幼儿园应积极开展适宜幼儿的体育活动，充分利用日光、空气、水等自然因素以及本地自然环境，有计划地锻炼幼儿的肌体。这两份文件，有力展现了幼儿体育发展的丰富内涵及重要意义。2022年2月新颁布的《幼儿园保育教育质量评估指南》中，幼儿体育再次成为重要的评估指标：“制定并实施与幼儿身体发展相适应的体格锻炼计划，保证每天户外活动时间不少于2小时，体育活动时间不少于1小时。”

国家卫生健康委2021年11月颁布的《健康儿童行动提升计划（2021—2023年）》则以“不同强度运动”的视角设定了目标：学龄前儿童每日不同强度的运动时间不少于180分钟，中等强度以上运动时间不少于60分钟。幼儿园应积极建设园所体育制度，加强家校合作，在推进幼儿体育生活化、日常化的过程中，有力保障幼儿体育时长与强度。

幼儿体育还是幼小衔接科学化的重要内容。2021年3月颁布的《幼儿园入学准备教育指导要点》将“喜欢运动”作为身心准备的重要目标，要求儿童应积极参加多种形式的户外活动，并能连续参与体育活动半小时以上。

幼儿体育的重要性和必要性毋庸置疑，幼儿园体育活动随着课程改革的浪潮推进而不断深化，我们欣喜地看到一批幼儿园教师坚守初心、扎根一线，坚持实践研究，并将研究成果与同行分享。《快乐运动　健康成长——幼儿园园本体育课程开发与实践》就是大田县实验幼儿园田尾香老师主持的福建省教育规划办《幼儿园民间体育游戏的探索与实践》《在开放式户外体育活动中促进幼儿良好学习品质形成的实践研究》等课题多年来的研究成果。该书立足县城公办幼儿园园本实际，内容全面，涉及幼儿园体育活动课程的课程理念、课程目标、课程内容、实施形式、环境材料、课程评价等多个方面，对目前同类幼儿园开展体育活动有借鉴意义。

希望这本书能为幼儿园体育活动的质量提升提供帮助。

福建师范大学教育学院　吴荔红

2023年7月25日

前言

习近平总书记在全国教育大会上的重要讲话中指出，要树立健康第一的教育理念，开齐开足体育课，帮助学生在体育锻炼中享受乐趣、增强体质、健全人格、锤炼意志。这与《幼儿园教育指导纲要（试行）》中指出的“幼儿园要开展丰富多彩的户外游戏和体育活动，培养幼儿参加体育活动的兴趣和习惯，增强体质，提高对环境的适应能力”是一致的。

从幼儿身心健康发展角度来看，幼儿园应当高度重视户外体育活动，并积极组织开展适合幼儿的体育教学活动，充分利用幼儿园的环境与空间，有计划地锻炼幼儿的肌体，增强幼儿身体的适应和抵抗能力，全面提升幼儿健康水平。

目前，幼儿体育教育的现状并不容乐观，具体表现在以下几方面：一是有些幼儿园户外活动时间没有保障，往往以安全为借口减少幼儿户外活动时间；二是有些幼儿园户外体育活动有时间、没质量，教师缺少教育教学思考与设计，使幼儿活动处于“放羊”状态；三是有些幼儿园户外体育活动处于教师高控状态，幼儿体验不到奔跑、游戏的自由和快乐；四是户外体育活动内容比较贫乏，存在机械重复现象，活动形式比较单一，缺乏趣味性，价值不高，意义不大。

诚然，上述情况的存在与幼儿园的教育理念、内部管理模式、教师专业素养、幼儿活动安全压力有直接关系，还与幼儿园户外环境单一、无趣、缺乏专业规划有关。针对存在问题，如何根据地域和园所情况特点，因地制宜创设适合园所户外体育活动环境，投放科学有效的活动材料，提供适宜指导和支持策略显得尤为重要。

本书是笔者在主持福建省教育科学规划办课题《幼儿园民间体育游戏的探索与实践》《在开放式户外体育活动中促进幼儿良好学习品质形成的实践研究》和三明市基础教育教学研究课题《幼儿园开放式户外体育活动有效开展的实践研究》，及主要参与的福建省保教改革建设项目“开放式户外体育活动有效开展的实践研究”和三明市新时代特色学校等一系列教育教学改革项目实施的过程中，探索出的符合幼儿园实际的体育课程与实施策略，有效地破解了幼儿园生数多、活动空间小等难题，充分保证了《幼儿园工作规程》中所提出的“幼儿在园每天不少于2个小时户外活动时间（其中户外体育活动不得少于1个小时）”的要求。丰富多彩的体育活动内容和不受年龄、班级限制且形式多样的活动形式，有效地激发了幼儿参与体育活动的兴趣，提高了幼儿的运动技能和身体素质，深受幼儿和家长喜欢。

本书力图反映幼儿园在保教改革建设和课题研究中的经验，体现幼儿园体育课程开发的实践过程和理论探讨，共分为十个模块。模块一，对幼儿园体育教育任务、目标、内容、组织形式、开展原则、3—6岁幼儿体能测试、运动量及其测定方法进行了综述。模块二，明晰幼儿基本动作要领，各年龄段幼儿动作发展特点、要求和练习方法。模块三，介绍开放式户外运动区的规划、材料投放原则、组织方法及注意事项。模块四，阐述幼儿园体育教学活动的结构、注意事项、组织与实施。模块五，明晰幼儿园早操活动的类型、结构，明确早操编排应注意的问题、编排的步骤、组织与实施。模块六，介绍室内体育游戏的场地设置、材料选择、组织形式及注意事项。模块七，介绍幼儿园开展运动会的注意事项、组织形式与内容。模块八，阐述幼儿远足活动的内容与功能，明确远足的注意事项和各年龄班的路程及时间规划。模块九，对幼儿园体育活动评价的定义、意义、原则、评价对象与内容进行系统分析，并对各类体育活动的评价办法进行分类介绍。模块十，对幼儿园运动安全管理与教育进行梳理。

上述内容以较强的指导性和实践性可帮助教师明确在幼儿园各类体育活动中的目标、任务、内容、结构和组织实施要领，可为教师在幼儿园开展体育教育活动提供参考。书中附有大量活动案例，更直观展现了“快乐运动 健康成长”理念，希望对读者有所帮助。

目　录

模块一　幼儿园体育活动基础理论

幼儿园体育活动是幼儿园全面教育的重要组成部分，在幼儿教育中具有重要地位，是作为五大领域之首的健康教育（包括运动和心理）。健康教育之所以如此重要，是因为健康的身体是幼儿进行其他领域活动的基础。掌握幼儿园体育的基础理论，能帮助幼儿教师进一步明确幼儿体育教育的方向和目标，为幼儿园科学、合理地开展体育活动提供理论依据。

一、幼儿园体育教育常用概念

（一）体育

体育是以发展人的体力、增强人的体质为主要任务的教育。人们通过参加各种体育运动来实现锻炼身体的目的。体育可分为大众体育、专业体育、学校体育等类别，幼儿体育属于学校体育中的一种。

（二）幼儿体育

幼儿体育是指在幼儿园中，教师遵循 3 至 6 岁幼儿身体的生长发育、发展的特点和规律，以身体练习为基本手段，通过科学、合理的方法，以增强幼儿的体质、发展幼儿的身心素质和初步的运动能力、提高幼儿的健康水平和健康意识为主要目的而进行的一系列锻炼身体的教育活动。

（三）体质

体质是在遗传性和获得性的基础上表现出来的人体的形态结构、生理机能和心理素质的综合的、相对稳定的特征。体质包括体格、体能、适应能力和心理素质。

（四）体格

体格是指人体形态、结构和生理机能的发育发达水平，主要包括人体生长发育水平、体型和身体姿势等。

生长发育水平通过人体的身高、体重、坐高、肩宽、头围、胸围、骨盆宽等测量值来体现。体型是指人体各部分的比例。身体姿势是指人的坐、立、行走等姿势。

（五）体能

体能指人体在从事身体运动时所表现出来的能力，包括身体素质和身体基本活动能力这两方面的发展水平。

身体素质是指在人体活动中，在中枢神经系统指导下肌肉活动所表现的能力，如力量、耐力、灵敏、速度、柔韧等。

身体基本活动能力是指人体最基本的活动能力，包括走、跑、跳跃、投掷、攀登、钻爬等动作。

（六）适应能力

适应能力是指人体对内、外界环境变化的适应能力和抵抗疾病能力。

（七）心理素质

心理素质是指人的个性、意志、情绪等方面的精神因素。

（八）小肌肉群运动与大肌肉群运动

小肌肉群运动是指指尖的动作、手指的屈伸、眼和手的协调动作等局部运动。

大肌肉群运动是指走、跑、跳、投、攀登和上举等全身运动。

二、幼儿园体育教学的任务

幼儿园体育教学的任务可以归纳为：

第一，锻炼幼儿的身体，促进其正常发育，提高他们对自然环境的适应能力，增强其体质；

第二，发展幼儿的基本动作，使他们动作灵敏、协调，姿势正确；

第三，培养幼儿机智、勇敢、遵守纪律等优良品德和活泼开朗的性格。

三、幼儿园体育活动的目标

（一）《幼儿园教育指导纲要（试行）》中的目标

根据《幼儿园教育指导纲要（试行）》（以下简称《纲要》）中的相关内容，我们可以将体育活动的目标归纳为：

第一，使幼儿喜欢参加体育活动，动作协调、灵活；

第二，开展丰富多彩的户外游戏和体育活动，培养幼儿参加体育活动的兴趣和习惯，增强幼儿体质，提高幼儿对环境的适应能力；

第三，在体育活动中，培养幼儿坚强、勇敢、不怕困难的意志品质和主动、乐观、合作的态度。

（二）《3—6 岁儿童学习与发展指南》中的目标

根据《3—6 岁儿童学习与发展指南》（以下简称《指南》）中的相关内容，我们可以将幼儿园体育活动的目标归纳如下：

1. 幼儿的体态目标

幼儿的体态目标包括身高，体重以及坐、站、走的姿势，如表 1-1 所示。

表1-1　幼儿的体态目标

3—4岁	4—5岁	5—6岁
①身高和体重适宜。 参考标准： ●男孩 身高：94.9—111.7厘米。 体重：12.7—21.2 公斤。 ●女孩 身高：94.1—111.3厘米。 体重：12.3—21.5公斤。 ②在提醒下能自然坐直、站直。	①身高和体重适宜。 参考标准： ●男孩 身高：100.7—119.2厘米。 体重：14.1—24.2公斤。 ●女孩 身高：99.9—118.9厘米。 体重：13.7—24.9公斤。 ②在提醒下能保持正确的站、坐和行走姿势。	①身高和体重适宜。 参考标准： ●男孩 身高：106.1—125.8厘米。 体重：15.9—27.1公斤。 ●女孩 身高：104.9—125.4厘米。 体重：15.3—27.8公斤。 ②经常保持正确的站、坐和行走姿势。

2. 幼儿的身体素质目标

（1）幼儿具有一定的平衡能力，动作协调、灵敏，具有一定的力量和耐力，如表 1-2 所示。

表1-2　幼儿的身体素质目标

3—4岁	4—5岁	5—6岁
●能沿地面直线或在较窄的低矮物体上走一段距离。 ●能双脚灵活交替上下楼梯。 ●能身体平稳地双脚连续向前跳。 ●分散跑时能躲避他人的碰撞。 ●能双手向上抛球。 ●能双手抓杠悬空吊起10秒左右。 ●能单手将沙包向前投掷2米左右。 ●能单脚连续向前跳2米左右。	●能在较窄的低矮物体上平稳地走一段距离。 ●能以匍匐、膝盖悬空等多种方式钻爬。 ●能助跑跨跳过一定距离，或助跑跨跳过一定高度的物体。 ●能与他人玩追逐、躲闪跑的游戏。 ●能连续自抛自接球。 ●能双手抓杠悬空吊起15秒左右。	●能在斜坡、荡桥和有一定间隔的物体上较平稳地行走。 ●能以手脚并用的方式安全地爬攀登架、网等。 ●能连续跳绳。 ●能躲避他人滚过来的球或扔过来的沙包。 ●能连续拍球。 ●能双手抓杠悬空吊起20秒左右。 ●能单手将沙包向前投掷5米左右。

续表

3—4岁	4—5岁	5—6岁
●能快跑15米左右。 ●能行走1公里左右（途中可适当停歇）。	●能单手将沙包向前投掷4米左右。 ●能单脚连续向前跳5米左右。 ●能快跑20米左右。 ●能连续行走1.5公里左右（途中可适当停歇）。	●能单脚连续向前跳8米左右。 ●能快跑25米左右。 ●能连续行走1.5公里以上（途中可适当停歇）。

四、幼儿园体育活动的内容

幼儿园体育活动包括基本动作练习、身体素质练习、基本体操及队列队形练习、器械练习等几个方面的内容。

（一）基本动作练习

幼儿的基本动作练习包括走、跑、跳跃、投掷、攀登、钻、爬、翻滚、悬垂、推、拉、搬运等基本动作训练及其相关知识学习等。

（二）身体素质练习

身体素质是指人体在肌肉运动时表现出来的各种机能，它是人体各器官系统技能的反映，是评价人的运动能力、劳动能力和体质的重要指标。幼儿的身体素质练习包括幼儿速度、耐力、力量、平衡、协调、灵敏、柔韧等素质练习的有关知识和技能。

（三）基本体操及队列队形练习

体操练习是根据人体解剖及生理特征，通过徒手、手持轻器械和在器械上完成各种不同类型、不同难度并且有一定艺术性的单个动作和成套动作的练习，包括徒手操和轻器械操。队列队形练习是指练习者按一定的队形做协调一致的动作，包括口令、信号与动作、队列、变化队形等。

（四）器械练习

幼儿园体育活动中的基本体操、基本动作和体育游戏等，都离不开利用运动器械进行练习。各种器械练习，不仅能综合提高幼儿的攀登、钻、爬、滚、翻、跳、平衡等能力，发展幼儿走、跑、跳、投等动作技能和手臂肌肉力量，而且能发展幼儿动作的灵敏性、协调性、准确性等。器械练习有利于增加幼儿运动负荷，提高动作难度；有利于增加幼儿的运动兴趣，调动幼儿参加体育活动的积极性。

从运动器械的体积来分，可分为大型固定性运动器械（如攀登架、滑梯、转椅、秋千、浪船、宇宙飞船、攀网、摇马、跷跷板、蹦蹦床、充气床垫、海洋球池、联合器械等）、中小型可移动运动器械（如平衡木、拱形门、投掷架、木制台阶、小梯子、垫子、小三轮车、脚踏车、小手推车、滑板车等）、小型运动器械（如皮球、塑料球、气球、乒乓球、儿童羽毛球、木球、棍棒、橡皮筋、跳绳、塑料圈、小哑铃、小凳子、小椅子、小沙包、毽子、小高跷、铁环、各种小飞镖等）。

五、幼儿园体育活动的组织形式

（一）幼儿园早操

早操是幼儿园在早晨开展的、以基本体操为主要内容的一种组织形式，是幼儿一天有组织的生活的开始，是早晨进行的身体锻炼活动的总称。它包括队列队形、律动、基本体操（徒手操、模仿操、武术操、韵律操、轻器械操、辅助器械操）、体能游戏等。

（二）幼儿园体育教学活动

幼儿园体育教学活动是指在教师的指导下，以身体动作的练习为主要内容，有目的、有计划、有组织的教学活动。它注重幼儿身体的全面锻炼与发展，既能提高幼儿的身体素质，发展幼儿的基本活动能力，增强幼儿的体质，又重视幼儿身体、智力以及良好个性品质等方面的协调发展。它通称体育课，是幼儿园体育活动的组织形式之一。

（三）开放式户外运动区活动

开放式户外运动区活动是根据幼儿园户外场地、器械和幼儿身心发展特点，将幼儿园户外环境创设成各种丰富有趣的体育活动区域，在各区域投放丰富多样的运动器械材料，由教师定点负责看护和指导，打破幼儿年龄、班级界限，让幼儿根据自己的兴趣爱好进行选择，自由结伴、自主运动、自我管理的运动场所。一般来说，开放式户外运动区的活动不强调活动组织的严密性，具有活动内容丰富、活动时间经常、活动灵活性大、活动形式多样、幼儿自主性强等特点，是幼儿园早操和体育教学活动的良好补充，对培养幼儿独立性、自主性和创造性，促进幼儿运动品质发展等方面具有重要的意义。

中大班幼儿运动经验逐渐丰富，有一定的自主性，喜欢在宽松的氛围

中自主选择运动内容及材料，较适合进行开放性户外运动区活动。

（四）室内体育游戏

室内体育游戏有其独特的价值和优势，深受幼儿的喜爱。室内体育游戏可弥补因户外天气不好或场地条件有限等不利因素带来的影响，在游戏中，幼儿可以自由地选择运动器械进行活动，也可以根据一定的规则和要求，开展小组或个体的竞赛性活动，还可以通过表现性、创造性的身体活动方式促进幼儿智力、情绪情感、个性等方面的健康发展。

（五）运动会

运动会是以年龄组或班级为单位开展的竞赛性、游戏性运动集会，是一种以团体参与方式为主的大型体育活动组织形式。运动会以其团队活动特有的精神氛围、竞赛游戏方式等特点，深受幼儿喜爱，既能激发幼儿参与体育锻炼的兴趣，又可提高幼儿参与活动的积极性，还为幼儿提供了一个互相学习、交流的机会。运动会可根据需要以亲子活动、班级运动竞技等形式开展，成为向家长开放幼儿体育锻炼成果的展示平台，同时向家庭普及健康教育，以获得家长对幼儿体育锻炼的更多了解和支持。

（六）远足

远足是以走为主的健身运动，是教师或家长根据幼儿的年龄特点和能力水平，结合周边环境，有计划、有目的地组织幼儿步行到离园较远的公园、野外等目的地的活动，可以开阔幼儿视野、锻炼幼儿体魄，能培养幼儿坚持、独立等良好的意志品质，可以引导幼儿观察、欣赏大自然中的美。

六、幼儿园体育活动开展的原则

（一）兴趣性原则

幼儿园体育活动主要是通过幼儿感兴趣的体育活动进行的。在开展幼儿体育活动时，应根据不同年龄幼儿的特点选择内容，研究指导方法，有目的地发展幼儿各项基本动作技能，提高幼儿参加体育活动的积极性、主动性和兴趣，促进他们身体的正常发育，增强他们的体质，全面锻炼他们的身体。例如，在基本体操的教学活动中，可以创编一些模仿操，对一些动物的动作进行模仿，或融入中国传统的武术、戏曲、舞龙、舞狮等元素，使做操过程更有趣味性，从而引发幼儿学习的兴趣。

（二）适量性原则

适量性原则是指幼儿体育活动的运动负荷（活动量）要按幼儿的生理、心理特点进行设计。人体功能的改善与提高，必须在适当的运动负荷的刺激下才能实现。负荷量的大小，直接影响幼儿身体的发育与发展，影响幼儿体育活动的成效。若运动负荷过小或停留在同一水平上，锻炼的价值就小，人体的机能就不能进一步得到提高，增强体质的效果也不大，也不利于动作技能的掌握；若运动负荷增加过猛、过快，运动的刺激超出了幼儿身体所能承受的限度和范围，不仅不能增强体质，反而有损幼儿身体正常的发育，还会降低幼儿对体育活动的兴趣，使幼儿对运动产生畏难情绪，丧失信心，甚至发生运动安全事故。只有适宜的活动量，才能使幼儿的身体和心理能承受适宜的负荷，从而有效地增强幼儿身体器官、系统的适应性，提高幼儿机体的功能，促进他们的生长发育和身心健康。在体育活动课时设计、内容难易程度的把握、方式方法的选择和运用、环境的创设等方面，均应贯彻适量性原则。

（三）循序渐进原则

循序渐进原则是指幼儿园体育活动的内容、方法和运动负荷等方面的安排，都要由易到难、由简到繁，逐步深化，不断提高。在安排活动内容时，首先，要注意方式方法，由易到难、由简到繁。简和繁、易和难都是相对的，同一内容对身体发展水平不同和掌握动作程度不同的幼儿来说，会有不同的感受，因此要紧密联系实际，全面考虑，统筹安排，以达到全面发展的目的。其次，活动内容要有系统性。要注意活动内容的联系性和连贯性，做好新旧内容的合理搭配，达到逐步提高的目的。再次，要有节奏地逐步提高运动负荷。在体育活动过程中，要特别注意负荷的加大是渐进的，它是贯彻循序渐进原则的重要体现。根据人体发展规律和超量负荷原理，运动负荷由小到大、由弱到强，可以使机体产生良好的适应性。不同负荷的体育活动内容可以有节奏地按照人体生理机能活动变化的规律安排在一学年、一学期或一定的活动阶段，运动负荷应该保持增加的趋势。

（四）安全性原则

安全问题是体育活动中最重要的问题。由于幼儿体力较弱，独立活动能力较差，缺乏运动经验，反应能力差，情绪高涨时容易忽视安全和规则，因此，安全问题在幼儿体育活动中显得非常重要，必须采取必要的安全措

施，防止发生伤害事故。

活动设计时，选用运动项目的性质和动作的难度要符合幼儿的年龄特点和活动能力，要了解运动卫生知识，研究伤害事故产生的原因和规律，制定必要的制度、规则并教育幼儿认真遵守。

活动前，要注意检查幼儿的服装、鞋子等，不穿过多、过厚的衣服，系牢鞋带，口袋里不装硬物等。

活动中，注意运动生理卫生，如掌握正确的呼吸方法，运动负荷要适量，注意个体差异，饭前饭后不做剧烈活动等；加强组织过程中的安全要求与防护，如投掷时不要面对面投；从高处向下跳、爬越障碍物时要有适当的防护措施；场地小、人数多的情况下可采用分组练习、依次练习等方法，以免发生碰撞；幼儿情绪激动或注意力分散时要及时加以调节。

此外，要注意场地、器械、环境方面的安全卫生，保证场地平坦、不起尘土，各种器械完整、干净、牢固，不应带有尖角、棱角。

（五）整合性原则

幼儿是一个完整的个体，他们的运动发展水平与智力因素、非智力因素等密切相关，正如日本著名的体育心理学专家柏原建三研究中指出的那样：儿童身体运动能够敏感地反映到大脑的神经中枢，使其精神活跃起来，头脑的发展与身体动作有密切的关系，幼儿是在动作中成长起来的，无论是躯体的动作还是手的动作的发展都离不开与周围环境的互动。因此，活动设计时必须体现整合性原则，可从以下三个方面切入：一是将各种活动内容有机组合、有序开展，使幼儿的触觉、视觉、知觉、运动觉得以综合地运用，促进幼儿认知水平和运动能力的全面提高；二是将各种运动方式有效整合，积极为幼儿提供各种锻炼的机会，使幼儿体验多种运动经验，提高适应环境的综合能力；三是将室内外运动环境、大小肌肉活动有机结合。

（六）发展性原则

年龄越小，运动能力发展的差异性就越大。要尊重幼儿的个性差异，采用“先顺应，后提高”的活动策略。活动前应了解每个幼儿当前的运动水平和思维方式，提供丰富的材料与环境，让他们按照自身喜爱的方式去活动，并在此基础上提供多种提升性的活动内容和方式，使每个幼儿都能找到适应其能力的活动，提高活动的自信心。活动设计时应注意几点：一是材料提供的选择性，二是材料提供的难易度，三是独自活动、平行活动、小群体活动的空间创设，四是教师针对性的个性化指导与同伴间的相互鼓励。

（七）挑战性原则

要在关注幼儿身体运动的可能性和自发性的基础上，因地制宜地设置变化丰富的、具有挑战性的运动环境和游戏，投放多变的运动器械，激发幼儿运动的潜能与智慧，让他们在游戏中尝试、探索新的游戏内容和材料玩法，学习调整自己的运动行为，提高解决问题的能力，培养大胆、自信、勇敢、顽强的个性心理品质。

七、幼儿体育活动的运动量及其测定

运动量也称“运动负荷”，指人体在体育活动中所承受的生理负荷量，主要受运动强度、运动时间和运动密度的影响。运动负荷是否适宜是评价幼儿体育活动科学开展的重要指标。

（一）运动强度

运动强度是指人的身体完成练习所用力量的大小和机体的紧张程度，是决定运动负荷的主要因素之一。适宜的运动强度能有效地促进身体机能的提高，增强体质。如果强度过大，超过身体的承受能力，反而会使身体机能减退，甚至损害身体健康。

我国幼儿在体育课或一次体育锻炼中的最佳运动强度为：幼儿的平均心率应在 130—150 次 / 分左右，最低不宜低于 130 次 / 分，最高一般不宜超过 150 次 / 分。

（二）运动时间

运动时间是指一堂体育课或一次体育锻炼练习的总时长。

不同年龄段的幼儿，其最佳的运动时间也不同：小班幼儿，一次活动总时长不宜超过 15—20 分钟；中班幼儿，一次活动总时长不宜超过 25—30 分钟；大班幼儿，一次活动总时长不宜超过 30—35 分钟。

（三）运动密度

运动密度也称为练习密度，是指幼儿在活动中做练习的时长与活动的总时长的比例，计算公式为：

$$\text{运动密度（练习密度）}=\frac{\text{幼儿实际（活动）练习的时长}}{\text{活动（课）的总时长}}\times 100\%$$

具体的活动密度、强度可以借鉴表 1–3。

表1–3　幼儿体育教学活动运动负荷情况一览表

班别	项目		
	活动时间	活动强度（平均心率）	活动密度
大班	30—35分	140—150次/分	60%—70%
中班	25—30分	135—145次/分	
小班	15—20分	130—140次/分	

注：本表引自邹慧敏编著《幼儿园快乐体育活动》，福建人民出版社 2017 年版，第 29 页。

（四）幼儿运动量的判断方法

1. 观察法

观察法主要是通过观察幼儿的脸色、出汗量、呼吸、动作完成的质量、注意力和情绪等方面的情况来判断运动量是否合理。其判断标准如表 1–4 所示。

表1–4　观察法的判断标准

观察方面（活动中）	轻度疲劳	中度疲劳	高度疲劳
脸色	稍红	相当红	十分红或苍白
出汗量	不多	较多	大量出汗
呼吸	中速、较快	显著加大	呼吸急促、表浅、节律紊乱
动作完成的质量	动作准确，步态轻盈	动作摇摆不定	动作失调，步态不稳，反应迟钝
注意力	注意力集中	能集中注意力	注意力分散或已经转移

2. 脉搏生理测定法

脉搏生理测定法是指用食指和中指轻轻搭在被测试幼儿手腕的桡动脉处，测量脉搏 1 分钟。经研究数据得出，幼儿在进行体育活动时的平均心率应在 130—150 次 / 分。

模块二　幼儿基本动作练习

基本动作练习是体育活动中锻炼幼儿身体全面发展的重要手段。基本动作包括走、跑、跳跃、投掷、钻、爬、攀登、平衡、滚翻和悬垂，其中悬垂是《指南》中新增加的动作。在幼儿园体育活动中，基本动作主要是结合在体育教学活动、体育游戏、早操及户外体育活动中进行练习的。

一、走

（一）动作要领

上体正直，自然挺胸，肩部肌肉放松，目视前方，两臂前后自然、轻松摆动，向前摆臂时，肘关节稍弯曲，步幅大小适宜、均匀，精神饱满，节奏感强。

（二）教学要点

各年龄段走的动作的发展特点、要求及练习方法，如表 2–1 所示。

表2–1　各年龄段走的动作的发展特点、要求及练习方法

年龄段	发展特点	动作要求	练习方法
小班	腿部肌肉力量仍然较弱，步幅不均，速度不匀，因而走、跑分不清，上下肢的配合不够协调，走步缺乏节奏感。	●上体正直自然走。 ●一个跟着一个走（最初可不按身高）。 ●听信号向指定方向走等。	●直线走。 ●曲线走。 ●绕圆圈走。 ●走斜坡。 ●在较低的平衡木上走。 ●高人走（提踵走）、矮人走（蹲走）。
中班	步幅稳定，平衡能力较好，上下肢配合也较协调，有了初步的节奏感。	●上体正直、上下肢协调地走。 ●按身高听信号有节奏地走。 ●听信号变速走等。	●快走、慢走。 ●绕障碍物走。 ●大步走。 ●简单队列走（如：一列横队变二列横队，或反向行之；一路纵队变二路纵队走，或反向行之）。 ●在较高的平衡木上走。 ●合作走（如二人三足走）。

续表

年龄段	发展特点	动作要求	练习方法
大班	腿部肌肉力量与平衡能力明显增强，上下肢动作较协调，走路有节奏感，可以步行一定的距离。	●听信号变换方向走。 ●步伐均匀、有精神地走。 ●有节奏地走：一拍落左脚，二拍落右脚。 ●一对一对整齐地走。	●蛇形走。 ●螺旋形走。 ●负重走。 ●左右转弯走、分队合队走。 ●合作走（如二人或三人挽臂走）。 ●迅速变队走。

（三）注意事项

幼儿在走的过程中容易出现左右摆臂和全脚落地的错误动作，正确动作是两臂前后自然摆动（前摆臂的高度不超过胸），抬头，挺胸，两脚依次由后脚跟迅速过渡到前脚掌。

走的时候应注意避免两脚走成内、外八字。

应注重正确示范。教师、家长要用正确的走步姿势做幼儿的表率，切忌模仿幼儿走的不良姿势与动作。

案例一：小乌龟回家（小班）

【活动目标】

1. 练习蹲着走，增强腿部力量和身体的灵活性。

2. 乐意参与游戏，体验与同伴游戏的快乐。

【活动准备】

篮球若干、三角锥若干。

【活动过程】

一、准备部分

1. 集合整队。

2. 教师带领幼儿跟随音乐模仿各种小动物走路的姿态。

二、基本部分

1. 猜谜语，引出活动主题。

谜面：穿件硬壳袍，缩头又缩脑，水面四脚划，岸上慢慢跑。

2. 教师引导幼儿学小乌龟走路，并观察指导。

引导语：小乌龟走路是蹲着慢慢走，我们一起来学学。

3. 增加难度，加上“乌龟壳”再次练习。

引导语：刚才我们只是练习了蹲着走路，乌龟背上还有一个什么呢？我们试着用篮球来当乌龟壳走一走吧。

4.游戏“小乌龟回家”。

游戏规则：小乌龟分成六队，小队长先出发，学小乌龟走路，绕过障碍，到达对面的家，下一名幼儿紧接着出发，依次进行游戏，比比哪队的小乌龟最快全部到家。

三、结束部分

1.整理收拾材料。

2.放松活动。引导幼儿跟着音乐做甩甩手、捏捏胳膊、扭扭腰、抖抖腿、拍拍腿等动作，放松身体。

3.教师小结：今天的小乌龟都很棒，能积极学习本领，在游戏时还能遵守游戏规则。

案例二：大步走（中班）

【活动目标】

1.能知道大步走的正确姿势，懂得加强两臂摆动幅度和力量能加快走的速度和加大步子。

2.体会正确大步走的姿势，增强幼儿下肢的肌肉、关节、韧带力量和灵敏性。

3.听从指挥，能够与同伴愉快地合作，体验大步走练习与游戏的乐趣。

【活动准备】

音响、标志桶、胶带纸等。

【活动过程】

一、准备部分

1.提出要求：保持前后距离，不推挤前后。

2.教师带领幼儿做模仿动物走游戏热身。

要求：匀速慢跑，队伍有序，注意安全，遵守纪律。

3.模仿动物走游戏。

动物角色：兔子、螃蟹、鸭子、大猩猩。

要求：认真听讲，遵守纪律，不得嬉戏打闹，保持前后距离，注意安全。

二、基本部分

1. 教师完整讲解并做示范

上体正直稍前倾，眼看前方，两脚交替向前迈步。前脚跟的着地点距后脚尖距离约20—30厘米，迅速过渡到前脚掌着地，后脚快速有力蹬地，重心前移迈第二步。两臂随步幅增大加强前后摆动的幅度和力量。

练习一：摆臂练习

（1）教师组织幼儿摆臂练习并指导纠错。

（2）幼儿认真练习。

练习二：尝试大步走练习

（1）教师组织幼儿分组尝试练习并指导纠错。

（2）幼儿认真练习。

练习三：等距离横格平行线练习

（1）教师组织幼儿进行等距离横格平行线大步走练习。

（2）幼儿认真练习。

（3）个人和小组展示。

2. 比一比

前排幼儿进行大步走练习，后排幼儿给前排幼儿评分。

（1）教师组织幼儿分组进行大步走练习，后排幼儿给前排幼儿帮忙评分。

（2）幼儿认真练习和评分。

3. 往返接力游戏

（1）游戏方法

幼儿分成人数相等的小组进行游戏，每组4人一列，站在起点线后面。各组排头幼儿先向前快速跑出，然后绕过标志桶与下一幼儿击掌接力，然后排到排尾。第二名幼儿开始，以此循环类推。

（2）规则

比赛开始时不能超起点线，后面幼儿与前面幼儿击掌后方可出发。

（3）要求

幼儿认真游戏，遵守纪律，不打闹。

三、结束部分

1. 教师带领幼儿跟随音乐做放松活动。

2. 教师总结，幼儿认真听讲。

3. 布置课外作业，预告下次课学习内容。

4. 值日生整理场地，收拾器材。

案例三：两人三足走（大班）

【活动目标】

1. 积极探索各种行走的方法，感受趣味行走的乐趣。

2. 能灵活、安全地走过多种障碍物。

3. 能分组行进走。

【活动准备】

布条、篮球、篮子、纸球、呼啦圈。

【活动过程】

一、准备部分

集合整队，韵律操热身。

二、基本部分

1. 探索活动

玩法：两个小朋友一组，在老师的帮助下将两人的腿在膝盖处绑好。两人尝试向前走，探索最协调的行进方法。

引导语：两个小伙伴要一起动脑筋想一想、试一试，怎样才能安全地走到终点。

2. 集体游戏

游戏一：运球走

玩法：两人合作，尝试两人三足走，每组拿一个篮球，通过协作将球运到终点的篮子里。

引导语：请两个小伙伴相互合作，将球运送到指定位置，在运球的过程中可以停一停，但是如果球不小心脱手了就算失败，重新开始。

游戏二：踢纸球

玩法：两人合作，尝试踢着纸球走，将球踢到指定的圈（呼啦圈）内即算成功。

引导语：小朋友合作踢纸球，将纸球踢到指定的圆圈内，要控制好踢球的力量，两人合作时如果失误倒下了，要站起身继续踢球。

三、结束部分

放松活动，整理道别。

二、跑

（一）动作要领

上体正直，稍向前倾；积极向前抬腿，用力后蹬，落地轻而稳；两手半握拳，两臂曲肘前后自然摆动，用鼻子或口鼻同时呼吸，自然而有节奏。

（二）教学要点

各年龄段跑的动作的发展特点、要求及练习方法，如表 2-2 所示。

表2-2　各年龄段跑的动作的发展特点、要求及练习方法

年龄段	发展特点	动作要求	练习方法
小班	跑步时已有明显的腾空阶段，以小碎步跑为主，步幅小且不够均匀，动作缺乏节奏感，两臂不能很好地配合脚的动作自然摆动。	●沿着场地周围自然跑。 ●一个跟着一个跑。 ●听信号向指定方向跑或沿着规定路线跑。 ●在规定范围内四散跑。 ●跑走交替（100米左右）。	●直线跑。 ●圆圈跑。 ●听信号自由跑。 ●沿斜坡向上跑。
中班	上下肢已能较协调地配合，脚蹬地明显，跑步自然轻松，但步幅仍然较小。	●上下肢协调、轻松地跑。 ●绕障碍物跑。 ●在一定范围内四散地追逐跑。 ●10—20米快跑。 ●跑走交替（100—200米左右）。	●排成一路纵队，一个跟着一个跑。 ●曲线跑。 ●往返沿斜坡跑。 ●接力跑。 ●高抬腿跑。
大班	跑步自然轻松，步幅均匀，有一定的节奏感，步幅较大，控制跑的方向感与能力有明显的提高。	●听信号变换方向走。 ●以正确的动作按要求跑（上体稍前倾、手握半拳、双臂摆动协调、前脚掌着地跑）。 ●听信号变速跑或变向跑。 ●四散追逐跑、躲闪跑。 ●20—30米快跑。 ●跑走交替（200—300米）。	●蛇形走。 ●接力比赛跑。 ●二人三足合作跑。 ●折返跑。 ●大步跑。 ●交叉跑。 ●后踢小腿跑。 ●在窄道上跑。

（三）注意事项

跑的运动量比较大，教师在教学中要注意运动量的安排应适宜幼儿。剧烈跑后不能立即停下来，要适当做一些律动、简单的游戏，以调整幼儿呼吸及身体的其他机能。

在跑的运动中，应避免幼儿张大嘴巴呼吸，教师要教会幼儿在跑时用鼻子或口鼻呼吸。

教师要帮助幼儿克服跑步过程中常出现的错误动作，如低头、弓腰、挺腰腹、仰头、手臂不会前后摆、身体左右摇晃等。

跑步的教学重点是先练习屈肘摆臂，然后练习前脚掌发力，最后练习呼吸方法。

案例一：追蝴蝶（小班）

【活动目标】

1. 能听信号进行走跑交替，并在指定范围内四散跑。

2. 行走或奔跑时不碰撞或及时躲避他人，提高动作灵敏性。

【活动准备】

若干只纸折蝴蝶、一个铃鼓、一首剪辑好的不同节奏音乐、音乐《花蝴蝶》、一块画好大圆圈的场地。

【活动过程】

一、准备部分

1. 慢跑

要求幼儿做到：在跑步的时候不与同伴嬉闹，不插队，不推人。

要求教师做到：注意观察幼儿状况，控制好跑步的快慢节奏，提醒幼儿注意安全，不要互相碰撞。

2. 做热身操

带领幼儿表演律动“花蝴蝶”，活动身体。

要求幼儿做到：模仿教师的动作，注意力集中。

要求教师做到：带操的精神状态饱满，动作做到位，将幼儿双腿及双臂活动开。

二、基本部分

1. 游戏一：找蝴蝶

玩法：教师先将若干只蝴蝶放在操场周围的器械上，幼儿站在大圆圈上听铃鼓指令看谁先找到蝴蝶。教师拍铃鼓，铃鼓快，幼儿绕圈跑；铃鼓慢，幼儿绕圈走；铃鼓停，幼儿四散跑。

要求幼儿做到：要认真听铃鼓的声音，根据铃鼓的快慢进行走跑交替，听到铃鼓停，才能四散跑开找蝴蝶。

要求教师做到：要注意把握铃鼓快慢的节奏，并提醒幼儿四散跑的时候注意安全，不要碰撞他人。

2. 游戏二：拍蝴蝶

玩法：4 名幼儿手持蝴蝶，站在大圆圈外的四周，其余幼儿站

在大圆圈上听音乐指令看谁先拍到蝴蝶。教师播放音乐，音乐快，幼儿绕圈跑；音乐慢，幼儿绕圈走；音乐停，幼儿四散跑。

要求幼儿做到：要认真听音乐的快慢，根据音乐的快慢进行走跑交替，听到音乐停，才能四散跑开拍蝴蝶；手持蝴蝶的4名幼儿站在圈外不动。

要求教师做到：提醒幼儿注意安全，奔跑时不碰撞或及时躲避他人，做好自我保护。

3. 游戏三：追蝴蝶

玩法：4名幼儿手持蝴蝶，在圆圈外四周跑来跑去，其余幼儿站在大圆圈上听音乐指令看谁先追到蝴蝶。教师播放音乐，音乐快，幼儿绕圈跑；音乐慢，幼儿走；音乐停，幼儿四散跑。

要求幼儿做到：在奔跑时，不要碰撞他人，并能躲避他人碰撞。

教师要关注幼儿四散跑情况，并及时调整游戏玩法和规则。

三、结束部分

1. 放松活动

（1）调整呼吸：教会幼儿用鼻子深吸气，然后慢慢吐出来。

（2）调整身体：带领幼儿做蝴蝶飞的轻柔动作，并提醒幼儿做锤锤双腿、捏捏手臂等放松动作。

（3）调整心理：引导幼儿微笑、笑出声音来等。

2. 讲评

表扬在活动中遵守规则的幼儿，正面引导不认真听信号、活动积极性差的幼儿；引导幼儿在游戏时要认真听信号，根据信号进行走跑交替，遵守游戏规则。

案例二：我最会跑（中班）

【活动目标】

1. 学习正确的跑步姿势，会快速奔跑。

2. 锻炼快速奔跑和快速反应的能力，增强下肢力量。

3. 在轻松、开心的氛围中体验活动的快乐，激发运动兴趣。

【活动准备】

20米直线跑的起点和终点线、1—10的号数贴、轮胎若干、冲锋号音乐、开阔的场地。

【活动过程】

一、准备部分

1. 集合整队，组织幼儿慢跑入场。

2. 准备运动：韵律操。幼儿在教师的带领下，听着音乐有节奏地做操。

二、基本部分

1. 组织学习原地跑步动作

动作要领口诀：身体稍向前，眼睛看前方，半握空心拳，两手弯曲放腰间，前后自然摆动，前脚掌先着地。

2. 游戏一：我的“子弹”最最快

（1）游戏玩法：幼儿扮演“子弹”，4 路纵队站立，每名幼儿记住自己的“子弹”号码，当教师喊出“子弹”号码时，对应该号码的 4 颗“子弹”迅速从各自队伍的右边出发向前面 20 米的终点线跑，到达标志线后从左边跑回自己原来的位置。

（2）教师可逐渐加快“子弹”发射频率，要求幼儿听清“子弹”号码，右边出左边回，每颗“子弹”都必须到达终点线后才能返回。

3. 游戏二：拆“炸弹”

（1）游戏方法：幼儿手拉手围成一个大圆圈为“炸弹”，“拆弹手”走到幼儿身边，手碰幼儿身体说“拆”时，该名幼儿则开始绕着圆圈逆时针跑，“拆弹手”在后面追，幼儿跑一圈后回到自己原来的位置迅速拉起旁边幼儿的手，不让“拆弹手”把“炸弹”拆掉。

（2）强调跑步动作的正确姿势和遵守游戏规则。

4. 游戏三：抢滩登陆

（1）游戏玩法：教师带小战士在场地上跑步，听到抢滩登陆的冲锋号响起，小战士立刻向四周用轮胎垒成的岛屿进行抢滩登陆演习。

（2）强调冲锋号响起才能迅速抢滩登陆周边岛屿，强调小战士跑步时的正确动作。

三、结束部分

1. 整理收拾材料。

2. 放松活动。教师带领幼儿做“大哭”“大笑”的表情，以放松肌体和情绪。

3. 讲评。对幼儿活动情况做简单评价。

案例三：看谁跑得快（大班）

【活动目标】

1. 学习折回接力跑，促进下肢力量发展，锻炼身体的协调性和灵活性。

2. 形成敢于拼搏和勇于进取的精神，体验成功的乐趣。

【活动准备】

宽阔的场地、交通锥。

【活动过程】

一、准备部分

1. 教师带领幼儿慢跑进场，围绕场地进行变速跑的练习。

2. 带领幼儿做热身操《跑步操》。要求幼儿跟上教师的动作，注意力集中。

二、基本部分

1. 自由奔跑

幼儿站在同一起跑线上，在老师下达命令后，用自己喜欢的方式奔跑，看谁最快抵达终点。

2. 讲解和练习跑的动作要领

（1）请跑得快的小朋友分享动作要领。

（2）教师示范并讲解：可以采用站立式起跑也可以采用蹲踞式起跑，起跑后两脚用力快速充分后蹬，髋部前送，两臂快速前后摆动，放松而有力；上下肢协调配合，跑出最快的速度。

（3）幼儿自由练习奔跑，掌握跑的方法。

3. 练习折返跑

（1）幼儿自由练习：快速跑向终点，到达交通锥后再折回跑。

（2）交流分享：怎样才能快速折回？

（3）小结：快到交通锥时稍微放慢一点速度，靠交通锥的脚步小一点，靠外的脚步大一点。

（4）幼儿再次练习。

4. 分组竞赛：接力折回跑

玩法：幼儿分成人数相等的 4 组，每组第一名幼儿站在同一起跑线上，以交通锥为折返点，再跑到起点，而后通过拍下一个小朋友的手来完成接力，哪一组先跑完则哪一组胜。

三、结束部分

1. 为比赛获胜组颁奖。

2. 放松活动。教师带领幼儿结合音乐进行静态拉伸活动。
3. 收拾整理材料。

三、跳

（一）动作要领

蹬（地）、伸（腿）、摆动（臂）的动作要协调，落地屈膝缓冲，保持平衡。

跳跃包括四个阶段：预备、起跳、腾空和落地。

（二）教学要点

各年龄段跳的动作的发展特点、要求及练习方法，如表 2-3 所示。

表2-3　各年龄段跳的动作发展特点、要求及练习方法

年龄段	发展特点	动作要求	练习方法
小班	基本能双脚跳，但腿部力量不足，跳起高度低、远度小，跳的过程中身体摇晃，落地不稳。	●自然跳起，轻轻落地。 ●双脚连续向前跳。 ●原地纵跳的同时用头触物。 ●由一定的高度往下跳。 ●双脚跳过一定的远度等。	●双脚原地跳。 ●单脚原地跳。 ●连续行进跳1—2米。 ●向上跳。 ●直线跳。
中班	能较轻松地双脚跳，腿部力量增强，跳起高度、远度增加，跳的过程中身体开始稳定，落地较稳定，开始尝试单脚跳。	●屈膝，前脚掌蹬地跳起，轻轻落地，且保持身体平衡。 ●原地向上纵跳触物。 ●单脚连续跳。 ●两脚交替跳。 ●助跑跨跳。 ●立定跳远。 ●由一定高度往下跳等。	●连续单脚跳。 ●连续双脚跳。 ●助跑跨跳过40厘米的两条平行线。 ●连续开足跳。 ●立定跳远（40厘米）。 ●纵向跳下（15厘米高）。 ●曲线跳。
大班	能轻松地双脚跳，腿部力量大大提升，跳的高度、远度继续增加，跳的过程中身体稳定，落地稳定，单脚跳的能力也大大增加，跳的形式也越发复杂。	●屈膝摆臂，四肢协调，用力蹬地跳起，轻轻落地。 ●直线两侧行进跳。 ●向前、后、左、右变向跳（转身跳）。 ●助跑跨跳或跳过一定高度。 ●跳绳。 ●跳皮筋。 ●跳蹦床等。	●双臂支撑跳。 ●助跑跨跳过50厘米的两条平行线。 ●助跑屈膝跳过30—40厘米的高度。 ●立定跳远（70厘米）。 ●纵向跳下（20厘米高）。

（三）注意事项

1. 跳跃分为四个阶段：预备阶段、起跳阶段、腾空阶段和落地阶段。教师教授跳跃动作的教学重点是先让幼儿学会跳跃后的落地是屈膝落地（缓冲），因为人直腿落地时，地面会对人体产生较大的反作用力。

2. 跳跃动作包括跳高和跳远。在跳跃动作的教学中，教师教会幼儿用力摆臂、双脚用力蹬地助跳，是幼儿完成跳高、跳远目标的关键。

3. 跳跃练习的顺序：

（1）练习摆臂；

（2）练习起跳动作；

（3）练习空中控制动作；

（4）练习落地缓冲动作；

（5）练习衔接动作。

案例一：兔子运食物（小班）

【活动目标】

1. 能双脚向前行进跳，增强腿部力量。

2. 有初步的任务意识，能坚持完成任务。

【活动准备】

呼啦圈、胡萝卜道具若干、篮子 4 个、热身、放松音乐、音乐播放器。

【活动过程】

一、准备部分

带领幼儿做热身操。

要求幼儿做到：不讲话，跟随教师做动作。

要求教师做到：注意观察幼儿状况，提醒幼儿伸展全身。

二、基本部分

1. 跳跃练习

玩法：在场地设置起点和终点，距离 2 米，中间摆放多列呼啦圈，幼儿从起点处双脚依次跳过呼啦圈，可稍做停落，直至终点。

要求幼儿做到：双脚并拢、屈膝向前跳，坚持到达终点。

要求教师做到：注意观察幼儿双脚跳的动作，进行个别指导。

2. 游戏：兔子运食物

玩法：在刚才练习的场地终点放置一些胡萝卜，幼儿从起点处双脚向前行进跳至终点拿起一个胡萝卜从旁跑回到起点，并将胡萝卜放进篮子。

要求幼儿做到：双脚并拢、屈膝向前跳，坚持到达终点。

要求教师做到：提醒幼儿注意双脚跳，将胡萝卜放进指定的篮子，鼓励幼儿坚持完成任务。

游戏可进行 3—4 次。

三、结束部分

1. 放松活动。

（1）调整呼吸：深吸一口气，保持一会儿后慢慢把气呼出来。

（2）调整身体：轻轻拍打小腿、大腿，放松肌肉。

（3）调整心理：引导幼儿微笑、笑出声音来等。

2. 讲评。表扬在活动中认真听讲的幼儿，正面引导不遵守纪律、活动积极性差的幼儿。

3. 引导幼儿共同收拾整理活动材料。

案例二：好玩的轮胎（中班）

【活动目标】

1. 练习双脚立定跳的动作，发展跳跃的能力。

2. 培养不怕困难、坚持到底的精神。

【活动准备】

直径小于 40 厘米的小轮胎若干、小红旗若干、怪兽图片、标志图、音乐及布置好的场地。

【活动过程】

一、准备部分

教师带领幼儿与轮胎互动做热身操。

二、基本部分

1. 立定跳远动作练习

（1）引导幼儿尝试依次跳进轮胎或跳过轮胎。

（2）交流分享：你是如何跳过轮胎的？请个别幼儿上前示范，其他幼儿注意观察。

（3）小结：两脚左右开立，与肩同宽，两臂前后摆动，前摆时，两腿伸直，后摆时，屈膝降低重心，上体稍前倾，手尽量往后摆。两脚快速用力蹬地，同时两臂稍曲由后往前上方摆动，向前上方跳起。落地时要屈膝缓冲。

（4）幼儿自主练习，教师对幼儿进行个别指导。

2. 游戏巩固

游戏一：紧急救援

（1）玩法：前方发现怪兽袭击，需渡河救援。幼儿分四组游戏，每一组幼儿将轮胎滚至指定地点搭成桥后跳过，以最先救出全部村民的一组为胜。

（2）分享交流：请获胜队组员介绍如何快速渡河救援。

（3）总结活动情况，再次游戏。

游戏二：抢占山头

（1）玩法和规则：分两组竞赛游戏，每位幼儿利用双脚跳的动作通过“勇敢者的路”后，先将全部红旗插上山头的一组为胜。每位勇士一次只能拿一面红旗，游戏时要互相帮助、共同协作，注意安全，不推不挤。

（2）幼儿游戏，教师指导。

三、结束部分

1. 分享交流：在游戏中你遇到什么困难？是如何解决困难的？

2. 引导幼儿坐轮胎上，做两腿分开和并拢、捶腿、转动脚踝等动作放松身体。

3. 整理收拾材料。

案例三：了不起的挑战（大班）

【活动目标】

1. 练习助跑跨跳一定距离（高度）的障碍，增强弹跳能力及下肢的爆发力。

2. 能与同伴合作游戏，体验合作游戏的乐趣。

【活动准备】

1. 环境创设：设置红色赛道、蓝色赛道，并在赛道上贴好起跑线、终点线和5个黄色圆点。

2. 经验准备：幼儿已有双脚跨跳、双脚行进跳、接力赛的经验，会合作设置障碍。

3. 材料准备：音乐《加油鸭》和《我多想快快长大》、纸砖若干、口哨 1 个、红色队服 15 件、蓝色队服 15 件、小勋章若干。

【活动过程】

一、准备部分

教师带领幼儿跟随音乐《加油鸭》做热身活动，重点活动下肢肌肉与关节。

二、基本部分

利用纸砖练习助跑跨跳一定距离（高度）的障碍。

1. 挑战一：我能跳多高

引导幼儿利用纸砖练习助跑跨跳一定高度的障碍。

（1）介绍游戏材料，激励幼儿大胆尝试。

（2）交流分享，请个别幼儿展示。

（3）结合图片小结助跑跨跳动作要领：跑的时候重心要稳、速度要快，最后一步要大，单脚抬起单脚落地。

（4）幼儿自主练习，教师进修个别指导。

2. 挑战二：我能跳多远

引导幼儿利用纸砖练习助跑跨跳一定距离的障碍。

（1）鼓励幼儿利用纸砖自主练习助跑跨跳一定距离的障碍。

（2）交流分享，请个别幼儿展示。

3. 竞赛：我能跳多快

学会与同伴合作游戏，体验合作游戏的乐趣。

（1）玩法和规则：将幼儿分成红蓝两队，每队队员合作用 20 个纸砖在赛道上的 5 个黄色圆点设置障碍，两队队员接力挑战助跑跨跳过一定高度的障碍，先完成的队伍获胜。

（2）幼儿合作设置障碍。

（3）开展竞赛。

（4）宣布比赛结果并颁发奖品。

三、结束部分

1. 教师带领幼儿跟随音乐《我多想快快长大》做放松动作，重点放松下肢肌肉。

2. 整理收拾材料。

四、投掷

（一）动作要领

蹬（腿）、转（体）、挺（身）、翻（肘）、挥（臂）、甩（腕）的动作协调、用力，速度要快，可进行双手或单手的抛接、正面或侧面的投掷（投远、投准）。单手肩上挥臂投掷分为正面投掷和侧面投掷，具体动作要领为：

正面投掷：两脚前后开立，重心在后脚，上体稍后仰，肩上曲肘高举臂（肘关节向前），眼看前方，通过蹬腿、挥臂、甩腕这几个动作将物体投出。

侧面投掷：身体侧对投掷方向，两脚左右开立，重心在一侧腿上，投掷臂远伸，通过蹬腿、转体、挥臂、甩腕等动作（协调用力），迅速将物体投出。

（二）教学要点

各年龄段投掷的动作的发展特点、要求及练习方法，如表2–4所示。

表2–4　各年龄段投掷的动作的发展特点、要求及练习方法

年龄段	发展特点	动作要求	练习方法
小班	上肢力量弱，投仅仅是上肢在发力，无身体联动性，投的动作随意，无目的性，投出的物体远度小、高度低。	●双手或单手自然向前上方或远处抛轻物。 ●双手或单手自然向前上方或远处挥臂投掷。	●在地面上互相滚接大皮球。 ●双手向上自抛自接大皮球。 ●近距离面对投掷目标投掷。 ●原地拍皮球。 ●单双手自然向远处投沙包。
中班	上肢力量仍偏弱，投的动作开始有身体联动性，投开始有目标性，开始会蹬地发力传递到上肢，投出的物体远度与高度均增加。	●正面肩上投远。 ●滚球击物。 ●投中前方投掷架上的物体。	●双手接住向上自抛的高球。 ●学会单手肩上挥臂正面投。 ●单手肩上挥臂投准目标。 ●左右手拍球。
大班	上肢力量开始明显增强，投的动作有完整的连贯性，会蹬地、转体、摆臂，投的目标性明显，有相当的准度。	●侧面肩上投远。 ●将物体投进固定的目标（如小网兜、篮筐等）。 ●投活动目标。 ●投圈套物等。	●学会单手肩上挥臂侧面投。 ●在2—4米的距离相互面对面抛接大皮球。 ●正面投准练习（距离2米）。 ●单手肩上挥臂投远（距离3米左右）。 ●左右手连续交替拍球。

（三）注意事项

1. 建议中班的沙包重量 150 克左右，大班的沙包重量 200 克左右。

2. 幼儿在投掷时经常出现不会挥臂、手腕抖动、以全身助力等问题，教师须及时加以纠正，同时增加挥臂动作的辅助练习，如手腕的“鞭打”动作。

3. 为了幼儿身体的全面发展，要练习幼儿的左、右手投掷动作。

4. 投掷练习的顺序：

（1）练习挥臂动作（或发力加速动作）；

（2）练习出手角度；

（3）练习手形；

（4）练习动作的运行线路；

（5）练习衔接动作。

案例一：攻打病毒怪兽（小班）

【活动目标】

1. 练习并掌握肩上挥臂投准的正确方法，锻炼手臂力量。

2. 愿意与同伴共同游戏，体验投掷的快乐。

【活动准备】

1. 材料准备：报纸球若干、纸箱制作的病毒大嘴怪 4 个、热身音乐《奥林匹克运动操》、放松音乐等。

2. 环境创设：在场地上设置投掷线以及一条封锁线。

【活动过程】

一、准备部分

1. 谈话导入，激发幼儿参与兴趣。

引导语：小朋友们，你们知道新冠病毒吗？它是非常可怕的病毒怪兽。这几年一直围绕在我们身边，让很多人生了病。今天，我想请聪明勇敢的你们组成抗毒超人队击败病毒怪兽，你们愿意吗？

2. 播放音乐，幼儿跟随教师做热身运动，重点活动手部和肩部。

引导语：在攻打病毒怪兽之前，我们先一起活动活动身体，让我们的身体充满能量。

二、基本部分

1. 自由探索

幼儿自由尝试，练习基本动作。幼儿自由探索报纸球的玩法，

教师观察幼儿的情况。

引导语：我们要攻打的病毒怪兽很狡猾，需要用到一个“秘密武器”，现在，就请你们去领取武器，找一个合适的地方试一试，看看这个武器可以怎么使用。

2. 集中交流

提问：怎么使用这个武器呢？谁来分享一下自己是怎么做的？

引导语：我为你们准备了一个秘诀，首先我们分开双腿，让我们一起边念口诀边做动作试一试。“取武器，肩上扛，眼看前方用力投。”（幼儿跟随教师念口诀，同时一起练习动作）

小结：刚才我们学习的这个动作，有个好听的名字叫“投掷”。

3. 游戏一：训练场

玩法与规则：在训练场内，幼儿自由练习投掷方法，站在投掷线内，将“武器”投进事先设置的封锁线，封锁线可以灵活调整宽度和高度，依据幼儿实际情况及时进行调整。

提问：刚才有的超人没有成功，为什么？（教师根据幼儿的回答梳理投掷要领）

4. 游戏二：攻打病毒怪兽

玩法与规则：幼儿站在封锁线后，瞄准病毒大嘴怪投掷纸球。

三、结束部分

1. 放松活动。播放音乐，幼儿自我放松，与同伴互助放松。

2. 讲评。肯定幼儿积极参与的态度和勇敢、大胆的表现。

案例二：我是解放军（中班）

【活动目标】

1. 学习肩上挥臂投掷的方法，能用左右手将纸球向上前方投出。

2. 乐于参与体育游戏，能够遵守规则。

【活动准备】

1. 材料准备：音乐、沙包、纸球若干。

2. 场地布置：墙上挂5个圆靶，地面上贴不同距离的横线，用轮胎围成两条“战壕”。

【活动过程】

一、准备部分

师生以“解放军”身份进行热身训练，重点活动上肢与手腕。

二、基本部分

1. 自由探索扔“炸弹”的方法。

引导语：今天我们把纸球当成“炸弹”，看看哪位“小战士”能把“炸弹”扔得最远。

2. 交流、讨论扔“炸弹”的正确方法。教师示范个别幼儿扔“炸弹”的不同动作，通过对比知道运用肩上投掷（两脚一前一后，将“炸弹”放在肩上，身体重心向下，手臂用力向上前方抛出去）投得远。

3. 学习投掷的正确方法，先徒手学习动作，再用“炸弹”练习。

4. 游戏：看谁扔得准。

玩法：幼儿自由选择站在不同距离的线上，将“炸弹”投向墙上的圆靶。

（1）幼儿分组游戏，教师观察指导。重点指导投掷姿势，提醒幼儿左右手都要试一试。

（2）引导幼儿讨论怎样才能把炸弹扔得又远又准。

小结：扔的时候要眼睛要看着目标；挥臂甩腕时，动作要快，才能获得爆发力使得“炸弹”扔得又远又准。

5. 游戏：两军对战。

玩法：将幼儿分成红、蓝两军。听到“开战”的口令，双方战士向对方投掷“炸弹”，同时要警惕自己不被对方扔到，被扔到的幼儿停止游戏。

三、结束部分

1. 放松活动。跟随舒缓的音乐，放松身体上肢和、腿部肌肉。

2. 收拾整理材料。

案例三：小鸡保卫战（大班）

【活动目标】

1. 练习对准固定目标和活动目标进行投掷，锻炼上下肢力量和腰腹力量。

2. 喜欢参加投掷活动，体验成功的快乐。

3. 养成勇敢坚强、勇于接受挑战的意志品质和规则意识。

【活动准备】

布置场地，投掷线距离老鹰碉堡 4 米以上，准备纸球若干。

【活动过程】

一、准备部分

1. 随音乐做热身活动，带领幼儿慢跑。

2. 带领幼儿做热身操。要求幼儿跟上教师的动作，注意力集中，热身主要活动头、颈部、胸部和腿部，并重点练习上下肢摆臂、肩部和腰部，为投掷做铺垫。

二、基本部分

1. 幼儿自主探索单手肩上挥臂投远的技巧

引导语：鸡宝宝们，鸡妈妈这有一些“石头”（纸团），你们有什么办法将“石头”扔到对面那条线呢?

2. 幼儿学习单手肩上挥臂投远的技巧

（1）请个别幼儿展示自己单手肩上挥臂投掷的方法。

（2）示范正确动作，练习投掷动作。

动作要领：原地单手肩上投“石头”分正面投掷和侧面投掷两种。

正面投掷：两脚与肩同宽，手持“石头”屈肘于头右侧后方，肘关节朝前，然后再挥臂甩腕，迅速地把“石头”向上前方投出。

侧面投掷石头：两脚前后开立，重心在右脚上，上身右转约45度，手拿“石头”臂高举过头，眼往前看，用蹬地、转体、挥臂甩腕的力量将“石头”投出。注意挥臂要快速，全身用力要协调。

（3）听口令做动作

游戏规则：听教师口令，做相应的投掷动作。注意保持距离，不要打到周围的小鸡们。

3. 游戏：攻打老鹰碉堡

引导语：老鹰经常会来抓我们，趁着老鹰不在，鸡宝宝们跟着鸡妈妈一起去攻打老鹰碉堡吧!

玩法：小鸡们手持一个“石头”，站在投掷线后，正面投向老鹰碉堡。要求小鸡们不能超过投掷线，注意挥臂要快速，全身用力要协调。投到老鹰碉堡毁坏为止。

4. 游戏：攻打飞行中的老鹰

引导语：老鹰们回家后发现碉堡被毁，立即寻找小鸡们，想要吃掉小鸡们。鸡宝宝们，我们要保护好自己，老鹰们飞来飞去，大家随时准备好“石头”，瞄准进行攻击。

玩法：一半幼儿扮演老鹰，在指定区域飞行，另一半幼儿扮演小鸡们进行攻击。小鸡们手持“石头”，站在规定的投掷线后，投向飞行中的老鹰。老鹰被击中后要暂时退出游戏。老鹰全被击中后，两队互换角色再次进行游戏。

三、结束部分

1. 放松活动。

2. 讲评。表扬在活动中表现积极的幼儿，正面引导不遵守纪律、活动积极性差的幼儿。引导幼儿在玩游戏时要听要求，遵守游戏规则。

五、钻

（一）动作要领

钻是紧缩身体从较低的障碍物下通过的一种动作。钻的方法一般有两种：

1. 正面钻

面向障碍物，屈膝下蹲，低头弯腰，紧缩身体，两脚交替向前移动，从障碍物下面钻过。

2. 侧面钻

身体侧向障碍物、屈膝下蹲，一侧腿从障碍物下伸过，然后低头、弯腰，同时蹬腿移动重心从障碍物下钻过。

（二）教学要点

各年龄段钻的动作的发展特点、要求及练习方法，如表 2-5 所示。

表2–5　各年龄段钻的动作的发展特点、要求及练习方法

年龄段	发展特点	动作要求	练习方法
小班	已能基本掌握正面钻的动作要领，但还不能较好地低头弯腰，紧缩身体。	●正面钻过障碍物等。	●钻过高悬挂的绳子、橡皮筋或搭起的竹竿（70厘米高）。 ●手持轻物钻。
中班	正面钻的动作掌握得较好，基本上学会了侧面钻的动作，但两腿在屈与伸的交替动作方面，有时还不够灵活。	●侧面钻过障碍物。 ●连续钻过几个障碍物等。	●钻过60厘米高的拱门。 ●连续钻。
大班	各种钻的动作基本掌握，能有意识地弯腰、紧缩身体，准确地钻过各种障碍物。	●灵活钻过各种障碍物。	●不碰障碍物钻。 ●钻不规则的山洞。

（三）注意事项

1. 钻的教学重点是幼儿在钻之前要学会低头、弯腰、双腿弯曲。幼儿往往不会低头，教师可启发幼儿用眼睛看肚脐，这样就容易让幼儿学会低头。

2. 无论正面钻还是侧面钻，教师都要提醒幼儿身体不能触碰障碍物。

案例一：海底大探险（小班）

【活动目标】

1. 练习围圈跑，能团身正面钻过呼啦圈，提高身体的协调性和灵活性。

2. 喜欢参加体育游戏，并体验体育游戏的快乐。

【活动准备】

呼啦圈若干、音乐《竹兜欢乐跳》。

【活动过程】

一、准备部分

教师带领幼儿根据音乐《竹兜欢乐跳》做热身运动，边带领幼儿做动作，边根据音乐发出口令“嘿，小脚，我们踏踏小脚”等指令性歌词和相对应的动作以吸引幼儿注意力，让幼儿的身体得到充分的活动。

二、基本部分

1. 游戏一：小鱼钻海底隧道

玩法：幼儿分成两组（A组和B组），A组的幼儿围坐成圆圈，间隔着将呼啦圈立起来做成隧道；B组的幼儿扮演小鱼，在音乐的伴奏下，自由自在地在隧道中钻进钻出。音乐停，两组互换角色进行游戏。

2. 游戏二：海底大探险

玩法：幼儿分为人数相等的两组（A组和B组），A组的幼儿围坐成圆圈，间隔着将呼啦圈立起来做成安全区并当守护员，B组的幼儿作为小鱼，教师扮演鲨鱼。游戏开始，小鱼在安全区外自由地游来游去，当鲨鱼发出危险的信号“鲨鱼来啦！”时，小鱼则需要钻过安全门进入安全区躲避鲨鱼的追击。如果小鱼没有及时躲进安全区内，鲨鱼可以继续在安全区外追击小鱼，被追到的小鱼即被“吃掉了”。游戏进行几次后，小鱼和安全区的守护员互换角色进行游戏。

三、结束部分

1. 放松活动。

2. 讲评。表扬在活动中表现积极的幼儿，正面引导不遵守纪律、活动积极性差的幼儿；引导幼儿在玩游戏时要听要求，遵守游戏规则。

案例二：钻山洞（中班）

【活动目标】

1. 经过练习，能熟练进行钻的动作。

2. 能根据管道的高度大小变化钻。

3. 能遵守游戏规则，体验与同伴游戏的快乐。

【活动准备】

1. 经验准备：幼儿玩过“网小鱼”的游戏。

2. 物质准备：音响、粗管道 4 根，细管道 2 根。

【活动过程】

一、准备部分

教师带着幼儿跟着《小跳蛙》的音乐进行热身运动。

二、基本部分

1. 游戏：网小鱼

教师带领幼儿玩“网小鱼”的游戏，请 10 个幼儿当渔网，两两一组面对面，排成一横排，双手前举搭建一个“拱门渔网”，其余幼儿当小鱼排成一队。游戏开始，大家念儿歌“许多小鱼游游来啦，游来啦，游来啦，许多小鱼游来啦，快快捉住”，小鱼钻渔网，当念到“快快捉住”时，渔网放下捕鱼，被捉住的小鱼当渔网。

指导要点：重点讲解小鱼钻的动作，如低头、弯腰、屈膝等。

2. 游戏：钻山洞

教师与幼儿一同布置大小不同的山洞，引导幼儿观察山洞的外形和大小。

引导语：请小朋友们去试着钻一钻这些山洞，钻的时候尽量不碰到山洞壁。想想有什么好的方法。可以和同伴交流一下你的好办法。

（1）幼儿示范，教师指导

请个别幼儿示范钻山洞的方法，教师根据幼儿所提出的各种方

法进行总结。

（2）幼儿第一次挑战

将幼儿分成两组，教师每组投放粗管道 2 根，细管道 1 根进行游戏。教师说比赛开始时，第一个幼儿通过所有管道后跑步返回拍一下第二个幼儿的手，第二个幼儿出发，后面依次循环。

（3）幼儿第二次挑战

将幼儿分成两组，教师每组投放粗管道 2 根，细管道 2 根，并摆成“S”形进行游戏。

三、结束部分

1. 放松活动。

2. 整理场地。

案例三：钻圈游戏（大班）

【活动目标】

1. 能灵活钻过呼啦圈，发展动作的协调能力，锻炼身体的灵敏性。

2. 提高合作意识，体验成功的喜悦。

【活动准备】

呼啦圈（幼儿人手一个）、音乐。

【活动过程】

一、准备部分

利用呼啦圈做热身操，活动全身关节。

安全提示：要做好充分的准备活动，避免因活动不足导致幼儿在运动中受伤；在做热身操过程中，注意幼儿活动的空间，避免幼儿在活动时发生碰撞。

二、基本部分

创设钻圈的游戏情境，引导幼儿在游戏中学习，在游戏中锻炼。

1. 游戏：合作玩钻圈

（1）教师介绍游戏玩法。幼儿两人一组合作玩钻圈的游戏，一个人把圈竖起来，另一个人从圈中钻过去。两名幼儿可自主协商轮流玩。

（2）幼儿游戏，教师巡回指导。提醒幼儿在玩钻圈游戏时，拿圈的幼儿和钻圈的幼儿要互相配合好，拿圈的幼儿要注意不能让圈离地或移动，钻圈的幼儿要弯腰低头钻过去。

（3）交流分享，请个别幼儿示范正确钻圈的动作。

2. 游戏：钻过隧道

（1）教师介绍游戏玩法：幼儿分成两组玩钻过隧道的游戏。一组幼儿把圈竖起来排成一行，另一组幼儿依次从圈里钻过去。

（2）幼儿轮流游戏两次。教师提醒幼儿正确的钻圈动作：弯腰低头，钻过呼啦圈。

安全提示：在两组幼儿合作玩过隧道的游戏时，拿圈的一组幼儿要双手固定好自己的圈。过隧道的一组幼儿互相之间要拉开一定的距离，避免前面的幼儿踢到后面的幼儿。

3. 游戏：钻圈接力赛

（1）教师介绍游戏玩法：每组选出两名幼儿，面对面站着，用手握住呼啦圈的两边，让其余幼儿一个接一个跑到圈的位置钻过去，拿圈的幼儿和钻圈的幼儿要互相配合，拿围的幼儿不参加接力赛。看哪组用时最短则获胜。

安全提示：在玩钻围接力赛时，提醒幼儿快跑到呼啦圈时要减速，等钻过呼啦圈后再加速。

（2）幼儿可反复进行，拿圈的幼儿每轮更换。

三、结束部分

1. 放松活动。一起听音乐做放松操，让身体和心理都得到放松。

2. 幼儿把呼啦圈摆回初始地方。

六、爬

（一）动作要领

爬的动作有手膝着地爬、手脚着地爬、肘膝着地爬、匍匐前进等。无论哪种形式，都要求做到抬起头，眼睛看前方，动作灵活，手脚协调，避免同手同脚。

（二）教学要点

各年龄段爬的动作的发展特点、要求及练习方法，如表 2-6 所示。

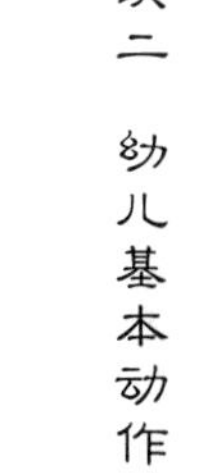

表2–6 各年龄段爬的动作的发展特点、要求及练习方法

年龄段	发展特点	动作要求	练习方法
小班	上下肢力量较弱，爬行以手肘、膝、脚为主，重心低，爬行速度慢，持续爬行距离有限，但是也能很好地爬行，方向主要以向前爬行为主。	●手膝着地协调地爬。 ●手脚着地爬。 ●爬越障碍物等。	●直线向前爬。 ●爬斜坡。 ●手脚着地爬越离地面20厘米高的竹竿、橡皮筋或横绳等。
中班	上下肢力量增强，可手膝或手脚爬，但是手脚爬行不熟练，速度较慢，爬行时间和距离增加，爬行方向多样,可以随意转弯。	●手脚着地协调地爬。 ●爬越障碍物等。	●手脚着地协调地快速爬。 ●多种形式地爬（10米左右）。
大班	手膝爬行、手脚爬行、匍匐爬行等多种爬行方式都可轻松掌握，爬行时身体协调、爬行时间和距离有很大进步。	●爬越障碍物（不触障碍物）等。	●在平网下匍匐爬。 ●侧身爬。 ●手脚抓握单杠仰身爬。

（三）注意事项

爬的动作主要是依靠四肢和躯干的协调用力，为增加在运动中全身的负荷，可以结合跑跳游戏进行练习，既能起到调节运动量的作用，又能提高幼儿参与运动的兴趣。

大班的练习活动采用地面仰卧、双手握绳仰爬的动作，有助于增强幼儿全身协调运动的能力。

案例一：猫捉老鼠（小班）

【活动目标】

1. 会听信号手膝着地爬行，增强四肢的肌肉力量，提高幼儿动作的协调性和灵活性。

2. 喜欢爬的游戏，能积极参与活动。

【活动准备】

爬行垫若干；贴上小鸭、小狗、小兔、小猪图片的小椅子，作为小动物的家，放置于场地四周；小鼓、小猫头饰各一；两边贴有老鼠图片的遥控车3辆；录音机、磁带若干。

【活动过程】

一、准备部分

扮演角色、活动身体。

引导语：老师和你们一起做游戏。你们看这是谁呀？（出示小猫头饰）我做猫妈妈，你们做谁呀？小猫们听着音乐活动一下身体吧！

二、基本部分

1.变换方式朝指定目标爬行

（1）手膝着地向前爬行

引导语：宝宝们，小猫家附近有哪些好朋友？（引导幼儿说出小狗、小兔）我们到他们家做客吧！幼儿手膝着地朝小狗、小兔家爬。

（2）手膝着地后退爬行

引导语：宝宝们，小鸭、小猪喜欢我们用另一种爬行的方法去他们家，我们怎么去呢？像猫妈妈这样倒着爬吧！倒爬时不要碰到同伴噢。

2.练习听信号变换方向爬

（1）出示小鼓，引导幼儿叫出名称。“咚咚咚，这是什么？”

（2）提出游戏要求：妈妈要小猫听着鼓声来学本领，鼓声“咚咚咚”，小猫就往前爬；鼓声“嗒嗒嗒”，小猫就倒退着爬。

3. 游戏：猫捉老鼠

引导语：我们小猫肚子饿时，最喜欢捉什么吃呀？你们要跟着老鼠，老鼠前进了，就往前爬着追；老鼠后退了，就后退爬着追。我看哪只小猫最聪明，能捉到老鼠。

玩法：教师操控贴有老鼠图片的遥控车，幼儿四散爬着追。

三、结束部分

1.放松活动“小猫洗澡”。

引导语：小猫宝宝玩累了，出了很多汗，我们洗个澡，冲一冲，抖一抖，摇一摇，小猫小猫真快活。全体幼儿“洗完澡”，扮演小猫排好队，轻手轻脚地“喵喵”叫着回家。

2.收拾整理场地。

案例二：猴子摘桃（中班）

【活动目标】

1.练习手脚着地屈膝爬行及跑、跳等动作，提高幼儿动作的协

调性和灵敏性。

2. 探索爬的不同方法，发展幼儿的想象力和创造性。

【活动准备】

1. 经验准备：已有手脚着地爬和纵跳的动作基础。

2. 物质准备：红、黄、蓝、紫四色贴片，垫子，竹梯，轮胎，悬挂幼儿自制的纸制桃子，音乐等。

【活动过程】

一、准备部分

集合整队，热身运动。

引导语：猴宝宝们，今天天气真好，太阳照得大地暖洋洋的，和猴大王一起去做运动吧。

二、基本部分

1. 探索不同的爬行方法

（1）自由探索多种爬行方法。

引导语：哇，这里有好多漂亮的垫子呀，猴宝宝们会在垫子上爬吗?你会怎么爬呢？看哪个宝宝能想出和别人不一样的爬行方法。

（2）请几名小朋友示范，比一比哪种爬行方法最快。

（3）请几名手脚着地屈膝爬行者示范，并说说是怎么爬的。

（4）播放音乐，猴宝宝自由选择不同颜色的垫子练习手脚着地屈膝爬行，然后从垫子旁的小路跑回来，找猴大王（教师）贴四色贴片，自然地把幼儿分成了四组。

2. 爬行比赛

引导语：猴宝宝们今天又多学了一种爬行方法，不知道哪组爬得又好又快呢?

玩法：幼儿分四组进行接力比赛（用手脚爬行的方式）。第一名幼儿爬完垫子后，从垫子旁的小路跑回来拍第二名幼儿的手，第二名接着出发，以此类推，最先完成的一组胜出。

3. 游戏：猴子摘桃

引导语：我们小猴肚子饿了，去摘桃子吃吧，你们从垫子爬过去后，跑到桃子树下，跳起来摘桃子，看看哪组摘得多。（玩两到三次）

引导语：低的桃子都被我们摘完了，只剩下高的，怎样才能摘得到呢？（玩两到三次）

三、结束部分

1. 幼儿随着轻松的音乐模仿孙悟空，做各种放松动作。

2. 小结并收拾整理材料。

案例三：士兵突击（大班）

【活动目标】

1. 能运用三种爬行方式（匍匐爬、手膝着地爬、手脚着地爬）进行游戏，提高动作的协调性和灵活性。

2. 乐于参与活动，体验游戏的快乐。

【活动准备】

垫子，障碍物桌、椅等，水枪，纸球。

【活动过程】

一、准备部分

1. 准备运动。教师带领幼儿活动身体各部位。

2. 热身游戏：动物爬。模仿各种动物的爬行动作。

二、基本部分

1. 分别练习

布置场地，铺好垫子，小朋友分别练习手脚着地爬、手膝着地爬和匍匐爬，教师对幼儿进行个别指导。

2. 实弹练习

场地布置同上，练习内容相同，分两次进行，要求小朋友一次带上“炸弹”（纸球）匍匐前进，然后在离终点3米处扔“炸弹”，并迅速返回起点。另一次背上水枪匍匐前进，在离终点5米处开枪。

3. 对战演习

场地布置同上，幼儿分成面对面两组进行游戏，完成同“实弹练习”的动作。

4. 游戏：士兵突击

玩法：幼儿分成两组，一组幼儿设置战壕（桌子、垫子），在战壕中手持水枪、“炸弹”阻截，另一组幼儿在不同高度障碍物的掩护下，用匍匐、手膝着地、手脚着地等爬行动作，穿过防守火线夺取对方红旗。

规则：被对方水枪或“炸弹”击中者退出本轮游戏。

三、结束部分
1. 放松活动。
2. 收拾整理材料。

七、平衡

（一）动作要领

平衡是人在各项活动中的一项基本活动能力，对人身体的发展起着至关重要的作用。平衡的类型主要有：

1. 窄道走

头正颈直，眼往前下方看，两臂自然摆动或侧平举，两脚脚尖朝前，交替向前迈步，动作自然放松。

2. 旋转

两脚转换做轴心，可加手的动作。

3. 单脚站立

一脚膝关节绷直站立，另一脚离开地面、自然弯曲。

（二）教学要点

各年龄段平衡的动作的发展特点、要求及练习方法，如表 2-7 所示。

表2-7　各年龄段爬的动作的发展特点、要求及练习方法

年龄段	发展特点	动作要求	练习方法
小班	走平衡木会左右摇晃、走不稳，需成人扶持和帮助；单脚站立动作差；原地旋转常用小碎步完成。	●自然走，身体不左右摇晃。	●在宽15—25厘米平行线（窄道）中间走。 ●在平衡木上走。 ●在15—20厘米斜坡上走上走下。
中班	上体正直，能上下肢协调地走平衡木；单脚站立动作较好；已基本能用两脚转换做轴心进行旋转。	●上体正直，上下肢协调。	●原地自转。 ●闭眼行走。 ●在高20—30厘米、宽15—20厘米的平衡木上走，走斜坡。
大班	上体正直，步子均匀，上下肢协调，单脚站立时间较长；已能用两脚转换做轴心进行旋转。	●上体正直，步子均匀，上下肢协调，动作自然。	●闭目起踵自转。 ●单足站立，走平衡板。 ●在有间隔的物体（砖、木板、硬纸等）上走，在平衡木（或斜坡）上变换动作走。

（三）注意事项

1. 平衡的教学指导重点在于指导幼儿做平衡动作时注意上体保持正直，眼睛向前看，自然向前走；指导幼儿走平衡木时应自然放松，两臂侧举，掌心向下。

2. 坚持循序渐进的原则。练习时使用的器械要由低到高、由宽到窄，练习动作由易到难、由简到繁、由少到多，旋转速度由慢到快，旋转圈数由少到多，逐步提高要求，不可操之过急。

3. 要注意选择适合各年龄段幼儿的游戏，既要鼓励幼儿勇敢，又要适时地给予幼儿帮助，以免幼儿产生害怕心理而出现安全事故。

案例一：勤劳的大公鸡（小班）

【活动目标】

1. 能在平衡木上走，发展平衡能力。

2. 能积极参与游戏，大胆尝试，体验成功游戏的快乐。

【活动准备】

椅子若干、平衡木、音乐。

【活动过程】

一、准备部分

热身活动“变身大公鸡”。模仿大公鸡走路、扑扑翅膀、伸伸懒腰、喔喔叫、单脚交替站立等动作。

二、基本部分

1. 游戏：寻找大懒猪（集体练习）

以大公鸡要去寻找大懒猪的游戏情境，激发幼儿游戏的兴趣。

玩法：一名教师躲起来扮演睡着的大懒猪，大公鸡们要走过独木桥（平衡木）到河的对岸去找大懒猪，找到后用“喔喔喔”的声音唤醒睡着的大懒猪。成功唤醒大懒猪后，回到起点反复游戏 3—5 次。

要点：幼儿过平衡木时，鼓励幼儿眼睛看前方，双手向两侧打开保持平衡，慢慢过桥。提醒幼儿注意保持距离。

2. 游戏：公鸡找吃的（巩固提高）

玩法：用平衡木、椅子分别设置不同高度的两座独木桥，大公鸡可自主选择其中一座独木桥走到河对岸找虫吃，听到大灰狼来了，要快速从河对岸回到家里。游戏可反复进行。

要点：提醒幼儿看前方的同时注意脚下椅子的距离，不踩空椅子。

三、结束部分

1. 放松活动。带幼儿做放松运动：捏捏手、捏捏腿，动动脚腕，锤锤大腿和小腿，我帮你敲敲，你帮我敲敲，真舒服！

2. 讲评。表扬在活动中大胆游戏、遵守规则的小朋友，鼓励害怕不太敢参与活动的幼儿，引导幼儿大胆游戏、遵守规则。

案例二：小马过河（中班）

【活动目标】

1. 能在障碍物上平稳地行走，提高动作的平衡能力和协调性。

2. 勇于尝试多种练习平衡的方法，体验体育活动的乐趣。

【活动准备】

变形平衡木、大块积木、弧形塑胶板、沙包、硬纸板等。

【活动过程】

一、准备部分

1. 热身活动。以游戏“风和小树”的形式活动腰部、颈部及手部肌肉，同时激发幼儿的活动兴趣。

引导语：昨天晚上的一场大雨把桥冲走了，小马的很多粮食不能送到河对面去了，请你们帮小马想个办法，怎样才能顺利过河呢？

2. 幼儿自由讨论，教师提问。

二、基本部分

1. 搭建“桥”

（1）引导幼儿利用已有的材料（平衡木、积木、塑胶板）建构不同的桥，独木桥、双木桥、分开的双木桥等，并分别上去走一走，提醒幼儿小心。

（2）交流分享。讲讲每座桥的不同之处，并请几名幼儿示范，说说自己是怎样又快又稳地过桥的。

2. 单人过桥

体验在不同障碍物上行走，提高动作的平衡能力和协调性。

引导语：你刚才走了哪座“桥”？你顺利地通过了吗？为什么容易掉下来？其他小朋友有什么成功过桥的秘诀吗？

教师利用儿歌小结讲解动作要领：小朋友，排好队，一个跟着一个走，手臂张开侧平举，学习飞机平衡走，心不慌，身不摇，一步一步走过桥。

3. 双人过桥

尝试多种平衡的方法。

引导语：刚才是一个小朋友过桥，现在请你找一个好朋友，试试双人怎样过桥才能又快又平稳?

教师利用儿歌小结讲解动作要领：好朋友，手拉手，一起学习螃蟹走，侧着身体张开臂，一二一二向前走。

4. 游戏：小马过河

玩法：幼儿自由选择要走的“桥”，可单人也可双人合作，选择一种方式帮助小马过河。

三、结束部分

1. 放松运动。

2. 教师小结。对幼儿愿意帮助别人、能动脑筋想出各种办法给予表扬和肯定，表扬游戏中积极参与、勇于尝试的幼儿。

3. 鼓励幼儿和教师一起收拾材料后有序回班。

案例三：平衡大挑战（大班）

【活动目标】

1. 能在有一定间隔的物体上和受干扰的情况下平稳地行走或站立，发展平衡和协调能力。

2. 探索泡沫砖的多种玩法，获得新的运动经验，体验成功乐趣。

3. 能注意自身和同伴的安全，有自我保护意识和安全意识。

【活动准备】

泡沫砖、海洋球、音乐等。

【活动过程】

一、准备部分

1. 热身活动：幼儿手持泡沫砖走进场地。

引导语：小朋友，你们平时有没有玩过泡沫砖？请你们每人找一个空的位子站好，我们一起来运动运动。

2. 带领幼儿站在泡沫砖上做动作，如在泡沫砖勾绷脚、站在泡沫砖上做腹背运动等。

要求幼儿做到：跟上教师的动作，注意力集中。

要求教师做到：想办法吸引幼儿的注意力，将幼儿手脚及腰腹关节肌肉活动开。

二、基本部分

1. 游戏：泡沫砖

引导幼儿将泡沫砖间隔排列，先练习从泡沫砖正着走过去后，再尝试侧身走。

要求幼儿做到：双脚要踩在泡沫砖上。

要求教师做到：提醒幼儿注意安全，做好保护工作，根据幼儿不同能力适时做出调整，激励幼儿坚持完成任务。

2. 游戏：抵御羊角球撞击

幼儿背对教师横向移动泡沫砖，教师拿羊角球撞击幼儿。

要求幼儿做到：要不受干扰，抵御住羊角球的撞击，顺利通过独木桥。

要求教师做到：提醒幼儿注意安全，做好保护工作，根据幼儿不同能力适时做出调整，激励幼儿坚持完成任务。

3. 游戏：一站到底

玩法：以竞赛的方式进行，每组请一名幼儿面对面站上泡沫砖，双手放胸前，游戏开始后幼儿可以去推对面幼儿的双手，也可以躲开别人推来的手，但不可以拉扯对方，掉下泡沫砖的退出游戏。最后哪一组小朋友剩得多获胜。

三、结束部分

1. 一起做放松运动甩手、扭腰、晃头、捶腿等。

2. 鼓励幼儿和教师一起收拾材料后回班。

八、攀登、滚翻、悬垂

（一）教学要点

1. 攀登可练习手脚并用地在攀登架或肋木架上爬上爬下。

2. 翻滚可练习前滚翻、侧滚翻、后滚翻。

3. 悬垂可练习在单杠上双手握杠，两脚离地做悬垂动作。

（二）注意事项

1. 小班的攀登应选择较低的攀登器械，大班可适当增加攀登高度（爬2米高度），也可进行曲线攀登。攀爬区的场地设施、器材摆放要安全合理，避免伤害事故。

2. 在滚翻动作的教学中，建议小班学习前滚翻，中班学习侧滚翻，大班学习后滚翻，且应正确掌握滚翻的保护方法。

3. 幼儿在单杠上做悬垂运动时，应控制各年龄段幼儿每次悬垂的时间，小班一次不超过10秒钟，中班一次不超过15秒钟，大班一次不超过20秒钟，同时注意落地的安全防护。

案例一：攀登小勇士（小班）

【活动目标】

1. 能在攀登中平稳地控制自己的身体，锻炼上肢和下肢力量。

2. 喜欢参加体育活动，感受集体活动的乐趣。

【活动准备】

攀登架4个、海绵垫8块、长木板4块、音乐、背包、礼物等。

【活动过程】

一、准备部分

1. 带领幼儿慢跑

要求幼儿做到：一个跟着一个跑，步子小，脚步放轻，在跑的过程中不推不挤，跟随老师做热身活动。

要求教师做到：注意观察幼儿状况，控制好跑步的速度，提醒幼儿注意安全。

2. 带领幼儿做热身操

要求幼儿做到：幼儿站成四队，播放热身操音乐，跟随音乐活动各关节，使身体各部位舒展开来。

要求教师做到：想办法吸引幼儿的注意力，将幼儿手脚等关节肌肉活动开。

二、基本部分

1. 游戏：小小攀登者（分组练习）

两组幼儿进行攀登练习，从起点处攀登至最高点，然后从最高点攀爬到对面的攀登架，接着从攀登架的木板上滑下来，双脚着地后往两边慢跑回队伍的后面。

要求幼儿做到：在攀登中较平稳地控制身体，手抓紧，脚踩稳，眼睛认真看。

要求教师做到：时刻关注幼儿练习情况，发现幼儿遇到的问题并及时解决，保证幼儿活动中的安全。（每人至少进行两次练习）

2. 游戏：攀登小勇士（巩固提高）

情境创设：吉吉国王的生日就要到了，小朋友们扮演小熊，身上背着给吉吉国王的礼物。途中需要经过“小山”和“河流”才能到吉吉国王的家。

玩法：游戏开始，两组小朋友们带着礼物从起点出发，攀上“小山”，爬过“小河”，最后把礼物送给吉吉国王便是成功。

要求幼儿做到：在攀登中能平稳地控制身体，手抓紧，脚踩稳，眼睛认真看，手脚协调配合，坚持到送礼物给吉吉国王。

要求教师做到：时刻关注幼儿活动情况，保证幼儿活动中的安全，根据幼儿不同能力适时做出调整，激励幼儿坚持完成任务。

三、结束部分

1. 放松活动。带领幼儿随舒缓的音乐做捏捏手、敲敲腿等动作进行肌肉放松。

2. 讲评。总结幼儿在活动中的表现，对遵守规则、积极参加活动的幼儿进行表扬，对缺乏勇气的幼儿进行鼓励，引导幼儿在以后的活动中遵守游戏规则并积极参与。

案例二：快乐登山（中班）

【活动目标】

1. 在搭建、攀登轮胎山的过程中发展平衡能力，增强上下肢力量。

2. 尝试小组合作搭建轮胎山，提高团队合作意识和能力。

【活动准备】

1. 将场地分成3块并分别贴上红、黄、蓝线，用轮胎、垫子、圈铺成一条路，汽车轮胎27个，垫子9块，圈18个。

2. 耳麦、哨子、奖牌各一，五角星若干，有标记的竹竿一根。

3. 热身音乐《向前冲》，放松音乐《天籁森林》。

【活动过程】

一、准备部分

教师带领幼儿进行热身运动，注意关节运动，着重练习手臂动作。

二、基本部分

1. 游戏：跋山涉水

（1）幼儿熟识“山路”，尝试用自己喜欢的方式通过。

（2）幼儿相互模仿同伴的方法，快速通过山路。

（3）教师小结：你们真厉害，用跳、跑等方法顺利通过了山路。

2.游戏：挑战轮胎山

（1）挑战速度

玩法：幼儿分3组取轮胎，每组小朋友快速取9个轮胎放在自己的区域，速度最快、取放轮胎数量正确的一组可得一颗五角星。

（2）挑战难度

玩法：请每组将取回的轮胎各搭一座轮胎山，搭完后，每组队员依次翻越过本组的轮胎山，最先完成的队伍可得一颗五角星。

（3）挑战稳固度

幼儿可用手摇轮胎山或再次翻越轮胎山的方法检验本组的轮胎山是否稳固，若不稳固，共同商量修改轮胎山的办法。

教师提出要求：请修改你们的轮胎山，使轮胎山又高又稳。

幼儿分组整改，教师引导，修改成功的一组可得一颗五角星。

（4）挑战高度

要求：将轮胎山建得最高的可得一颗五角星，前提是要稳固。

幼儿分组在修改后的轮胎山上再次进行翻越轮胎山游戏。

3.游戏：抢占高地

玩法：每组队员依次爬过2块垫子，跳过6个圈，翻越轮胎山后跑回到队伍后面，先全部翻越轮胎山的队伍获胜。

三、结束部分

1.幼儿在音乐声中用多种方式放松。

2.幼儿整理场地。

案例三：穿越火线（大班）

【活动目标】

1.能以手脚并用的方式安全地钻攀爬网，锻炼上肢和下肢力量。

2.养成勇敢坚强的意志品质和规则意识。

【活动准备】

钻洞攀爬网、海绵垫若干、箩筐5个、波波球若干、音乐。

【活动过程】

一、准备部分

1.带领幼儿慢跑

要求幼儿做到：一个跟着一个跑，不讲话，脚步声轻，不插队

不推人，要跟随老师喊口令如“一二一”。

要求教师做到：注意观察幼儿状况，控制好节奏，提醒幼儿注意安全，并激励其热情投入。

2.带领幼儿做热身操

要求幼儿做到：跟上教师的动作，注意力集中。

要求教师做到：想办法吸引幼儿的注意力，让幼儿手脚及腰腹关节肌肉活动开。

二、基本部分

1.游戏：翻山越岭（分组练习）

“翻山越岭”分为“上山”和“下山”。

第一组幼儿进行“上山”练习（从攀爬网钻洞向上爬）：从起点处爬至最高点，然后从梯子下来回到起点。完成两次。

要求幼儿做到：前进时站稳抓紧，手快脚慢，眼睛尽量看前面，调整呼吸，手脚协调配合，坚持到达终点。

要求教师做到：提醒幼儿注意安全，做好保护工作，根据幼儿不同能力适时做出调整，激励幼儿坚持完成任务。

第二组幼儿进行“下山”练习（从攀爬网钻洞往下爬）：爬梯子上到爬网最高处，再从攀爬网钻洞“下山”，回到起点。完成两次。

要求幼儿做到：前进时站稳抓紧，手快脚慢，眼睛尽量看前面，调整呼吸，手脚协调配合，坚持到达终点。

要求教师做到：提醒幼儿注意安全，做好保护工作，根据幼儿不同能力适时做出调整，激励幼儿坚持完成任务。

2.游戏：穿越火线（巩固提高）

玩法：游戏开始，男孩子钻攀爬网，女孩子在下面投“炸弹”（波波球），男孩要在不被“炸弹”砸中的情况下尽可能快地通过钻洞，女孩要尽可能投中钻洞中的人，直到全部男孩子通过钻洞。交换角色，女孩钻，男孩投。哪一组用时少获胜。

三、结束部分

1.放松活动。

2.讲评。

3.收拾整理材料。

模块三　幼儿园开放式户外运动区

开放式户外运动区是幼儿园体育活动的一种组织形式，是对幼儿园基本的体育活动形式的一种重要补充。它是充分利用幼儿园环境，在遵循幼儿生长发育规律的基础上，因地制宜地把各种不同的场地科学地创设成不同的运动区域，并投放不同的运动器械和材料，打破幼儿年龄、班级界限，让幼儿根据自己的兴趣爱好自选内容、自由结伴、自主运动的户外运动区域。它具有活动内容丰富、活动材料多样、活动组织灵活、活动选择自主等特点，能满足不同运动水平的幼儿的发展需求，有效破解了幼儿园生数多、活动空间小的难题，充分保证了《幼儿园工作规程》中所提出的“幼儿在园每天不少于 2 个小时的户外活动时间，其中户外体育活动不得少于 1 个小时”的要求。开放式户外运动区的创设，对幼儿的发展具有积极作用。一方面，灵活自由的安排与选择能改变幼儿被动进行运动的现状，使体育锻炼变得新颖有趣，激发幼儿锻炼的兴趣和信心，为幼儿身体动作的发展提供更多锻炼的机会，提高锻炼的效果。另一方面，丰富多彩、形式多样的游戏内容和不受年龄、班级限制的活动形式，扩大了与同伴间的互动和交往，达到相互影响、共同提高与发展的作用；可自主选择、自我管理的形式，让幼儿充分感受到自己是活动的主人，对于幼儿培养独立性、自主性和创造性等有着重要的意义。

一、运动区的规划

（一）循环运动区

循环运动区是指根据幼儿体能全面发展的需要，因地制宜把幼儿园的场地划分为相对独立的，满足幼儿基本动作练习和体验的不同运动区域，让幼儿在其中轮流、循环地进行走、跑、跳、钻、爬、平衡、攀登、悬垂等基本动作的练习与体验，包括单项循环区和多项循环区。单项循环区如跳跃区，可以设置跳格子、跳圈、跳马、跳跳床、悬挂物等场地和投放相应材料，满足幼儿练习和体验行进跳、立定跳远、撑跳、原地纵跳、助跑跨跳等多种跳法。多项循环区设置如将跳、平衡、爬和钻等各区连接起来，形成大循环运动区，使幼儿的基本动作得到充分的练习、全面的发展，全

面锻炼幼儿体能。

（二）主题情境区

主题情境区是指充分利用幼儿园环境、运动器械、设施设备，将它们与幼儿喜闻乐见的故事、绘本进行有效整合，创设成具有一定主题情境，以发展幼儿基本动作为主要内容的运动区。它可让幼儿的动作练习不枯燥，充满趣味性与情境性。如：利用天台相对独立的空间和各种轮胎、爬网、铁通等创设成“士兵野战营”情境，发展幼儿的投掷、躲闪、快跑等动作；利用紧挨幼儿园围墙，连接天台的大型多功能立体运动器械，创设成“小小运输兵”情境，通过为天台的“士兵野战营”运输“军需物资”的方式，发展幼儿攀爬、平衡、钻、拉力、纵跳等多种体能；利用幼儿园屋檐、长廊和狭长的走道，创设成“快乐骑行”情境，发展幼儿腿部力量和平衡能力，并将交通规则、快递运输、加油站、洗车场等社会场景融合其中，促进幼儿社会性发展；利用幼儿园的大树，绑上滑索、钢丝等创设成“高空闯关”情境，发展幼儿平衡能力和不怕困难、勇于挑战的运动品质；利用轮胎、油桶、地下管道、荡桥、陡坡、单双杆等材料创设富有探险性与挑战性的“朵拉爱探险”情境，促进幼儿基本动作的全面发展……这些主题情境区的创设，可使园本特色得以显现，提升了幼儿运动兴趣，发展了幼儿基本动作。

（三）民间体育区

民间体育区是指将具有浓厚地方特色，集趣味性、娱乐性于一身的民间传统的体育游戏融入幼儿园体育活动的区域，具有游戏内容生动具体、游戏形式自由多变等特点。民间体育游戏区的创设，让幼儿园的体育活动更加生动有趣，更加丰富多彩。如“板凳龙”是大田县列入非物质文化遗产的民俗活动，在每年的元宵节都有盛大的迎“板凳龙”活动，幼儿耳濡目染，对此并不陌生，将“板凳龙”的造型进行改造，变成适合幼儿操作的“龙形”，深受幼儿的喜爱，对提高幼儿的运动兴趣和团结协作能力具有促进作用。

（四）一物多玩区

一物多玩区是指运用一种物品，探索多种玩法的运动区域。教师与幼儿共同收集一些废旧材料，将它们变成运动器械，让幼儿在自主选择、自由拼搭、随意摆放的材料中，创造性地开展体育锻炼，发展幼儿的走、跑、跳、投掷、攀登、平衡、钻爬等基本动作能力，以促进幼儿身体的全面发展。

在一物多玩区中没有固定游戏规则和游戏玩法，幼儿在活动中可独立游戏，可小组进行，也可集体合作，教师只需注意引导幼儿创新玩法，提高运动技能，丰富运动经验，创造性地开展活动。活动的材料只要是安全的、幼儿喜欢的都可以，如报纸、茶叶盒、罐子、轮胎、垫子、小棍、布条等物品，都能激发幼儿探索的乐趣，玩各种各样奇妙有趣的活动。一物多玩区为幼儿提供了宽松、可创造的环境，能增强幼儿体育活动的兴趣、主动性、坚持性，还可以发展幼儿的探索精神和合作交往能力，培养幼儿不怕挫折、勇于创新的良好品质。

二、运动材料投放的原则

运动材料是体育运动的重要物质基础，幼儿年龄小，更有赖于丰富多样的运动材料激发运动的积极性和主动性。因此，科学有效地投放运动材料是成功开展开放式户外运动区的关键。

（一）安全性原则

安全工作一直是幼儿园工作的重要内容，幼儿园的任何活动都要在确保安全的前提下进行。开放式户外运动区的活动场所在户外，较之室内环境有更多不确定因素，因而安全问题也比室内环境更难把握。教师支持幼儿在开放式户外运动区活动时，要特别注意场地和材料的安全性，要保证幼儿在安全的环境里进行运动。运动材料的安全性包括材料的材质、尺寸大小、牢固程度以及使用情况等方面的内容。

（二）开放性原则

开放式户外运动区以自主选择、自由结伴和自主运动为主要特点而深受幼儿的喜爱，所投放的材料一定要遵循开放性的原则，教师对材料的投放只做一个大致的规划，不需要对材料的玩法和预期目标做太多具体的设定，让幼儿可以根据自己的需要自行决定如何玩，实际玩法会因幼儿的个体差异而多种多样，有效地推动了开放式户外运动区中游戏的发展。如在一物多玩区投放各种瓶瓶罐罐、纸箱、盒子、绳子、轮胎、大小纸棒、竹梯等，幼儿可以运用这些材料一物多玩或组合玩，利用轮胎进行走、滚、跳、钻、爬等动作练习，将轮胎与竹梯组合探索出跷跷板、过小桥、抬轿子等合作游戏。这样开放性的材料探索性强，幼儿在运动中体验发现、创造的乐趣，激发出积极的运动情感。

（三）多样性原则

在考虑区域特点的基础上，应尽可能提供种类多样、数量充足、能激发幼儿的探索意识和创新能力的材料。提供的材料要能锻炼幼儿身体的各个部位，要让幼儿在各运动区中使走、跑、跳、钻、爬、投掷、平衡、悬垂等基本动作得到全面的锻炼。材料包括幼儿园购买的运动器械和利用废旧物品自制的低结构材料、非结构化材料。例如，教师可发动家长、幼儿共同利用本土材料和废旧物品，制作纸球、布飞碟、沙包、竹圈、竹高跷、废水桶“推车”、易拉罐梅花桩、跳跳袋、PUC 管道球等，满足幼儿发展多种运动能力的需要。同时，提供的材料要多样化，可供幼儿自主选择、自由组合。例如，钻爬区可提供大小不同的轮胎、垫子、纸箱和形状不同的拱形门等，让幼儿根据自身的能力与兴趣选择在相应的材料上进行钻爬，并依据游戏情节选择不同的运输物质，或驮或背或挂在脖子上，可手膝着地爬、手脚着地爬或匍匐爬，可正面钻过，也可侧身钻过。

（四）材料的层次性

材料的投放要适应不同年龄幼儿的能力发展水平，具有层次性。材料要体现出运动量、难易程度的不同，能满足不同幼儿活动的需要。如在平衡区中，可为幼儿投放宽窄、高低不同的平衡木，或是平衡木的宽窄、高低相同，但平衡木上障碍物的大小、高低、间隔不同；在跨跳区中，可以将跳圈摆放得长度、造型不同，跳马的高低不同。这些体现着不同要求、不同内容的材料，能让不同动作发展水平的幼儿都能得到应有的锻炼，增强幼儿运动的信心，提高幼儿运动的兴趣。

（五）材料的可变性

材料的可变性体现在两个方面。一是运动难易程度的变化。在活动前期，教师在各运动区材料投放时，适当降低一些动作要求，如在钻爬区可把“火线”（系有铃铛的绳索）调高一些，在跑跳区中将“跳马”“跨栏”放低一些，在投掷区让目标距离近一些。在活动中后期，通过器械的调节摆放，增强幼儿活动的难度、强度和密度，从而激发幼儿不断挑战的愿望，保持参与运动的兴趣。二是材料组合的变化。如，钻爬区可将原来的“火线”、垫子等，更替成纸箱、轮胎等设置成的隧道和“火轮”；跑跳区中“海绵跳马”可换成“木质跳马”，“纸盒栅栏”可换成“PVC 栅栏”；投掷区中的黏黏球、大灰狼图案，可更换成纸球与碉堡。这些变化，可提高幼儿的兴趣，满足幼儿不断探索的需求。

三、运动区开设的组织方法

（一）以班级为单位

在教师的带领下，全班幼儿去指定的活动区域，了解该运动区的材料和场地设置，自主创设运动场地，摆放器械，进行运动，活动结束后自主整理器械，教师观察并给予间接指导与帮助。

活动建议：每学期初，由幼儿园统一设定计划，每天更换区域，让幼儿一周内能在各个户外体育区域活动，既能让幼儿了解每个运动区的地点和玩法，又能让幼儿的基本动作得到全面的锻炼，从而促进幼儿身体的全面发展。

（二）以同龄组为单位

在同一时间开放运动区，教师定点观察指导，让同龄组的幼儿自由选择户外体育区域活动，自主、自由地结伴在区域内活动，以更好地培养幼儿的主体性和社会交往能力。

活动建议：

第一，开学一个月左右，在幼儿对每个区的地点和玩法较熟练后开展。

第二，为了有秩序地开展活动，每个区域要设定活动提示牌，提示牌注明本区域可容纳的人数、玩法、规则、安全注意事项等。

第三，可用发手环的形式控制人数，如果手环发完了，说明本区域人数已满，引导幼儿选择另外一个区域。

第四，用音乐做铃声每十分钟响一次，幼儿自由选择更换下个区域。

（三）以混龄组为单位

全园所有大中小班级同时参加混龄区域体育游戏，是一种大带小、小跟大的活动模式，可在运动中培养幼儿的团结、合作意识，提升交往能力。

四、运动区开放注意事项

首先，教师须熟悉每一个区域的器材、玩法、交换方式、活动时间、集合信号等。

其次，教师在幼儿运动时，应深入观察，了解幼儿的个体差异，以便更好地帮助和指导幼儿。

第三，在户外体育区域活动中，教师要注重幼儿优良品德和日常规范的建立，培养幼儿遵守游戏规则的意识，积极引导幼儿在游戏活动中能互助、互让，能团结友爱、机智勇敢、不怕困难。

第四，教师要定期检查运动场地、器材的安全和卫生情况，发现隐患及时消除。比如器材的螺帽是否生锈、松动，沙池、水池是否有尖锐的物体等。

五、活动案例

（一）循环运动区活动案例

案例一：单项循环之跳跃区

【活动目标】

1.练习行进间连续跳、原地纵跳、向下跳、助跑跨跳、撑跳等动作，增强腿部肌肉力量和上下肢协调能力，提高身体的协调性和平衡性。

2.体验各种跳法，提高参与活动的兴趣和运动的能力。

【环境利用】

利用幼儿园一楼、顶楼的悬浮地板和绿色草坪作为跳跃区的活动场地，悬浮地板上现有的色块设置成两个跳格子，大树悬挂各种高低不同的流星球，空地上投放跳板、跳马、地垫、蹦蹦床、跳圈、绳梯、塑料袋、羊角球等。

◆活动一：跳格子或跳圈◆

【环境创设】

利用悬浮地板上不同的颜色组合拼成跳格子、跳圈、绳梯等。

【游戏建议】

1.幼儿自主选择用单脚或双脚练习行进间连续跳动作。

2.幼儿可以一格（圈）一格（圈）跳或隔着格子（圈）进行立定跳远、助跑跨跳。

【观察要点】

1.在行进间连续跳时幼儿双脚、单脚向前跳跃的动作，引导幼儿屈膝蹬地、自然摆臂，上下肢协调配合保持平衡。

2.在立定跳远和助跑跨跳时幼儿能否屈膝摆臂，用力蹬地跳过格子（圈），落地时保持平衡。

3. 幼儿在做动作时是否注意安全，落地时是否柔软和安静，这样可以主动利用肌肉吸收压力，而不是韧带和关节结构被动承担压力。

◆活动二：跳马◆

【环境创设】

提供弹跳板、马鞍和地垫。

【游戏建议】

幼儿原地（助跑）双脚踩弹跳板、双手撑马鞍、双脚张开并跳过马鞍。

【观察要点】

幼儿能否双手撑马鞍、双脚打开进行跳马并平稳落地。

◆活动三：蹦蹦床◆

【环境创设】

幼儿利用蹦蹦床与前面其他活动环境进行组合。

【游戏建议】

幼儿能双脚并拢在蹦床上进行连续跳跃。

【观察要点】

幼儿能否双脚并拢跳蹦床，且上下肢是否协调。

◆活动四：快乐流星球◆

【环境创设】

利用悬浮地上的石榴树悬挂高高低低的流星球。

【游戏建议】

幼儿可以站在悬浮地板上原地纵跳或在花台上从高处往下跳，同时拍打流星球。

【观察要点】

幼儿能否双脚屈膝起跳拍打到悬挂的流星球，上下肢协调并保持平衡，平稳落地。

◆活动五：羊角球和袋鼠跳◆

【环境创设】

羊角球、废旧塑料袋等。

【游戏建议】

幼儿可结合羊角球或塑料袋练习在一定范围内原地向上纵跳和一定距离行进间连续跳的动作。

【观察要点】

1.幼儿能否在一定范围内跳跃，且不与其他小朋友发生碰撞，学会保护自己。

2.幼儿能否双手抓牢羊角球或塑料袋的“耳朵”，手脚配合地跳。

◆活动六：跨栏◆

【环境创设】

跨栏间隔摆放。

【游戏建议】

幼儿有序排队，自由选择双脚或者单脚跳跃跨栏，不推挤，不将跨栏推倒。

【观察要点】

1.幼儿能否双脚或者单脚跳过一定高度的障碍物。

2.幼儿在起跳时上下肢能否协调、配合，提高腿部力量和身体的协调性、平衡性。

◆活动七：快乐跳跳跳◆

【环境创设】

青蛙跳跳杆、母鸡下蛋抖抖球。

【游戏建议】

1.青蛙跳：幼儿双手握住跳跳杆手柄，双脚踩在踏板上蹦跳。

2.母鸡下蛋：幼儿把球装入盒子里面并系好腰带，开始扭动屁股或跳起来，不能用手触碰盒子，快速把球抖出来。

【观察要点】

1.幼儿在青蛙跳的时候能否双手握好手柄双脚同时跳起，上下肢配合。

2.幼儿能否将背在身后盒子里的球抖出来。

3.幼儿是否注意安全，跳的时候是否保持距离，避免相撞，是否做好安全防护工作。

案例二：单项循环之投掷区

【活动目标】

1. 练习双手头上、胸前投掷或单手肩上挥臂投掷等投掷的基本动作，增强上肢、肩、背等部位的肌肉力量，提高上肢的爆发力，发展协调能力。

2. 能瞄准目标进行投掷，提高目测能力及上肢动作的准确性和判断力。

3. 感受投掷的乐趣，形成勇于挑战、善于合作等学习品质。

【环境利用】

利用幼儿园后门旁长方形的小操场和顶楼靠墙的区域设置投掷区，分别创设灌篮高手、百发百中、打大灰狼、打老鹰、黏黏乐等活动内容。

◆活动一：灌篮高手◆

【环境创设】

1. 用若干竹圈组合成“双环”“五环”等从易到难的六列投掷面，悬空挂起。在离投掷面 2 米、3 米处分别贴上红色起点线。

2. 投放球架，在距离球架 2 米、3 米处分别贴上红色起点线。

【游戏建议】

1. 幼儿根据自身能力水平和游戏意愿，选择不同难度的投掷面和不同距离的起点，用双手在头上或胸前，将小皮球投过竹圈或投中篮球框内。

2. 与同伴开展投球竞赛。站在相同起点，投过竹圈或投中篮球框内次数多的为胜。

【观察要点】

1. 幼儿双手在头上或胸前投球的动作，提高投掷准确度。

2. 幼儿投掷时是否安全，提醒幼儿等前面的幼儿捡球离开后再投掷。

◆活动二：百发百中◆

【环境创设】

树杈形木桩、竹筒、高度不等的锥台、大小不同的套圈若干，

离木桩 2 米处、3 米处贴起点线。

【游戏建议】

1. 幼儿自主选择不同起点，不同大小的套圈，看准目标“树杈、竹筒、锥台”后抛圈，将圈套在“树杈、竹筒、锥台”上。

2. 与同伴开展套圈竞赛游戏。站在相同的起点，取相同大小的套圈，套相同的目标，套中圈数多的为胜。

【观察要点】

1. 幼儿能否遵守规则，站在起点线上瞄准目标准确抛圈。

2. 幼儿是否向前抛圈，不要向其他方向随意甩圈。

◆活动三：攻打老鹰◆

【环境创设】

投掷框、老鹰背景墙、幼儿自制小纸球或沙包等。

【游戏建议】

1. 幼儿站在投掷线上，自主选择投掷目标和投掷物，单手握纸球或沙包，瞄准前方目标，挥臂向前上方用力投出。

2. 与同伴开展竞赛。站在相同的起点，选择相同的投掷物，瞄准相同的目标投掷，投中目标次数多的为胜。

【观察要点】

1. 幼儿是否掌握正确的单手投掷动作。

2. 幼儿能否瞄准目标准确投掷。

3. 幼儿在投掷竞赛中能否大胆挑战，遵守游戏规则。

◆活动四：黏黏乐◆

【环境创设】

提供黏布和黏黏球，并将黏布悬挂墙面上。

【游戏建议】

1. 幼儿站在起点线上，单手握黏黏球，对准黏布向前用力投出，球黏在黏布为成功。

2. 与同伴开展竞赛，谁的黏黏球投中黏布越中心的为胜。

【观察要点】

1. 幼儿是否掌握正确的单手投掷动作。

2. 幼儿能否瞄准目标准确投掷。

3. 幼儿在投掷竞赛中能否大胆挑战，遵守游戏规则。

案例三：单项循环之平衡区

【活动目标】

1.练习窄道走、旋转、缩小自身支撑面积移动等平衡的基本动作，发展平衡能力，增强下肢支撑力量和前庭器官功能，锻炼身体协调性和灵敏性。

2.形成勇敢、自信、沉着的品质。

3.养成规则意识、合作意识和竞争意识。

4.喜欢参加平衡游戏，感受平衡游戏带来的快乐。

【环境利用】

利用幼儿园的沙坑、草地、塑胶跑道为活动场地，提供木桩、梅花桩、触觉板、拱形小桥、轮胎、平衡木、荡桥、竹（木）梯、弯曲跷跷板、榴莲球、平衡半圆球、旋转大陀螺等创设平衡区。

◆活动一：百变平衡秀◆

【环境创设】

木桩、梅花桩、触觉板、拱形小桥、轮胎、平衡木、荡桥、竹（木）梯等。

【游戏建议】

1.幼儿自主选择木桩、轮胎、荡桥练习，比比谁能一次性通过不落地。

2.幼儿自主选择不同高度的平衡木通过，可根据自身动作发展水平，尝试做以下不同动作：

（1）飞机。双脚站在平衡木上，两手摊开，一直伸展到指尖。一旦习惯了高度，就可以练习从平衡木上跳下。

（2）猫。四肢着地在平衡木上爬行，并慢慢前行。

（3）螃蟹。站在平衡木上，横着走，就像螃蟹一样。从平衡木一端走到另一端后，再朝着相反方向走回开始端。

3.从起点处出发，沿着S步道向前走，走上平衡木继续向前经过S步道，跨上梅花桩再经过平衡木等。

【观察要点】

1.幼儿在窄道上行走是否上肢保持正直，两臂自然摆动或侧平举，双脚交替向前迈步，动作自然放松。

2.幼儿身体是否处于平稳的状态，提醒幼儿注意游戏安全，与同伴之间保持一定的距离，不互相推拉。

◆活动二：旋转陀螺（小乌龟）◆

【环境创设】

平衡大陀螺和乌龟壳。

【游戏建议】

1. 幼儿从起点出发，坐进平衡大陀螺（乌龟壳），双手扶着大陀螺（乌龟壳）的两边，利用身体的惯性让大陀螺（乌龟壳）旋转5—10秒，然后平稳、准确地走向终点。

2. 可与同伴开展竞赛。场地设置时，与平衡木衔接，先到达终点的为胜。

【观察要点】

1. 幼儿在旋转大陀螺（乌龟壳）时，能否利用身体的惯性让大陀螺（乌龟壳）转起来。

2. 幼儿从旋转的大陀螺（乌龟壳）中起身，走向终点时是否身体能保持平衡，方向准确。

3. 幼儿与同伴竞赛时，是否遵守规则。

◆活动三：平衡板◆

【环境创设】

平衡板等。

【游戏建议】

1. 跷跷板，左右脚来回用力左右踩平衡板。

2. 跳水板，一只脚踩平衡板，另外一只脚踩地，听口哨后交换左右脚位置。

3. 划小船，把平衡板当成小船，幼儿坐在小船上进行平衡练习。随着音乐或指令向左向右倾斜，不摔下来为挑战成功。

【观察要点】

1. 幼儿能否双脚轮流发力，让平衡板左右摇动起来，并让身体始终保持平衡。

2. 幼儿左右脚轮流踩平衡板时，能否控制好脚步力量，动作协调。

3. 幼儿能否按指令左右划船，促进方位觉和听觉发展。

4. 幼儿是否做好安全防护工作。

◆活动四：榴莲球◆

【环境创设】

榴莲球等。

【游戏建议】

将榴莲球分散错落摆放好，以适应不同年龄幼儿的需求。幼儿根据动作发展水平，尝试做不同动作。

1. 踩石过河。将榴莲球摆放成直线、曲线及不规则路线，模拟踩石过河。

2. 单脚或双脚站立。摆放 1 或 2 个榴莲球，距离适中，让孩子保持站立。游戏初期引导幼儿两两结伴，互相帮助。游戏后期同伴间可开展竞赛，两人同时站立，谁保持平衡的时间长为胜。一人站立时可由另一人负责干扰，增加难度。

【观察要点】

1. 幼儿能否眼看前方，保持身体平衡，手臂自然摆动或侧平举，顺利踩石过河。

2. 幼儿是否敢于挑战自我，双脚或单脚站立，并保持一定的时长。

3. 幼儿在活动过程中是否注意安全，防止滑倒。

案例四：单项循环之钻爬区

【活动目标】

1. 练习正面钻、侧面钻、手膝着地爬、手脚着地爬、肘膝着地爬、匍匐爬、仰爬等基本动作，增强四肢及躯干部位的肌肉力量和活动耐力，发展动作灵敏性及协调性。

2. 形成勇敢、自信、沉着的品质。

3. 养成规则意识、合作意识和竞争意识。

4. 喜欢参加钻爬游戏，感受钻爬游戏带来的快乐。

◆活动一：风火轮◆

【环境创设】

铁圈、塑料拱门、轮胎等。

【游戏建议】

1. 引导幼儿正面或侧面钻过风火轮，风火轮有序间隔，与走、跑动作练习有机结合。

2. 可与同伴开展竞赛。从起点出发，通过风火轮后走、跑回起点，未撞倒风火轮且速度快的为胜。

【观察要点】

1. 幼儿是否掌握正面钻和侧面钻的动作要领，是否有意识地弯腰、紧缩身体，两腿交替、配合准确地钻过风火轮。

2. 幼儿在钻时是否有耐心，不急躁。

3. 幼儿竞赛时能否遵守规则。

◆活动二：时光隧道◆

【环境创设】

钻筒、大纸箱等。

【游戏建议】

1. 引导幼儿手膝着地或肘膝着地爬过隧道，隧道有序间隔，与走、跑动作练习有机结合。

2. 可与同伴开展竞赛。从起点出发，通过隧道后走、跑回起点，速度快的为胜。

【观察要点】

1. 幼儿是否掌握手膝着地或肘膝着地爬的动作要领，能否做到抬头，眼睛看前方，动作灵活、手脚协调，避免同手同脚。

2. 幼儿竞赛时能否遵守规则。

◆活动三：穿越火线◆

【环境创设】

垫子、绳子或爬网离地 0.5—1 米悬挂。

【游戏建议】

1. 引导幼儿手脚着地爬、匍匐爬或仰爬穿过火线。

2. 可与同伴开展竞赛。从起点出发，穿过火线后走，跑回起点，未触碰火线且速度快的为胜。

【观察要点】

1. 幼儿是否掌握手脚着地爬、匍匐爬或仰爬的动作要领，动作灵活，手脚协调。

2. 幼儿竞赛时能否遵守规则。

案例五：多项循环之综合区

【活动目标】

1. 练习走、跑、跳、钻爬、平衡、攀登等基本动作，发展动作协调性和灵活性。

2. 树立自信心，形成不怕困难、坚持到底、勇敢刚强的意志品质。

3. 遵守综合区活动规则，有自我保护意识和团结协作意识。

4. 喜欢参加综合区活动，在活动中保持情绪愉快。

【环境利用】

将幼儿园靠围墙建设的东西两处具有上下层的大型多功能运动器械与一楼操场有机衔接，形成两个可让幼儿练习走、跑、跳、钻爬、平衡、攀登的多项循环综合运动区。

◆活动一：攀登◆

【环境创设】

轮胎、爬网和树脂攀岩石制作的多功能攀爬坡。

【游戏建议】

幼儿自主选择不同类型的攀爬材料，爬上攀爬坡，走或跑向下一个游戏点。可在攀爬坡的上方拉高低不同的网线，要求爬上坡时不碰网线，提高游戏难度。

【观察要点】

1. 幼儿能否手脚配合地进行攀登。

2. 幼儿是否手抓牢后脚再向上蹬。用语言适时鼓励幼儿，增强幼儿的信心和勇气。

3. 幼儿是否注意安全，与其他幼儿保持一定的距离。

◆活动二：钻爬◆

【环境创设】

网状式钻筒。

【游戏建议】

幼儿自主选择蹲着钻或手膝着地爬过钻筒，下楼梯或滑滑梯到一楼操场。

【观察要点】

1. 幼儿动作的协调情况。

2. 提醒后面速度快的幼儿不要催促前面动作慢的幼儿；鼓励动作发展较弱的幼儿抬头，眼睛看前方；告诉幼儿手脚要抓（踩）在绳结处，避免踩空，应有耐心、有信心。

◆活动三：平衡◆

【环境创设】

荡桥、万能工匠拼搭而成的木桩式的拱桥。

【游戏建议】

幼儿通过荡桥后，走或跑到拱桥前，站着交替踩在木桩上过桥，或蹲着手脚并用一个木桩一个木桩地跨过式过桥，然后走或跑向下一个游戏点。

【观察要点】

1. 幼儿的动作发展水平和自我保护意识情况。

2. 不同动作发展水平幼儿间的大带小或团结协作情况。

3. 游戏时幼儿是否有序地过桥。

◆活动四：跳跃◆

【环境创设】

将十个轮胎按一定的规律摆放。

【游戏建议】

幼儿自主选择单脚或双脚跳过轮胎组合。

【观察要点】

1.幼儿跳跃动作发展情况。

2.幼儿是否遵守规则，用跳跃的方式通过轮胎组合。

◆活动五：投掷◆

【环境创设】

提供纸箱和纸球，将纸箱设置为碉堡。

【游戏建议】

站在起点线上，将纸球瞄准投向碉堡，投中者获得一圈皮筋手环。

【观察要点】

1.幼儿投掷动作的掌握情况。

2.幼儿是否遵守规则，站在起点线上进行投掷，投中者发给手环表示鼓励。

（二）主题情境区

案例一：快乐骑行

【活动目标】

1.提高蹬、平衡、上下肢协调配合等身体运动能力。

2.培养勇于挑战、战胜自我的意志，提升良好的运动素养。

3.感受骑行的乐趣，拓展生活、运动经验。

【环境利用】

利用幼儿园前操场的外围和主教学楼后的过道、走廊、长廊，形成循环的车道，提供平衡车、自行车、滑板车等，创设马路、十字路口与交警、隧道、陡坡、加油站、快递站、洗车场、停车场等场景。

◆活动一：快乐赛车场◆

【环境创设】

投放障碍桩、限高门等，设置四个骑行赛道。

【游戏建议】

四组小小赛车手从起点出发，以“S”线骑行方式分别绕过三个障碍桩，钻过限高门，再从旁边骑回终点，先到为胜者。

【观察要点】

1. 幼儿双脚轮流踩踏自行车的动作，和绕障碍桩骑行时的方向控制能力。

2. 幼儿是否遵守比赛规则，是否具有竞争意识和团队精神。

◆活动二：马路◆

【环境创设】

利用幼儿园前操场的外围和主教学楼后的过道、走廊、长廊，形成循环的车道，以白色地标线为分隔线，提供各种骑行工具，马路上设置各种交通标志图。

【游戏建议】

幼儿自主创设马路上的行驶路线，可单人或两人选择骑行工具，在骑行过程中提高双脚踩踏能力，双人骑行中提高负重能力。幼儿自主选择不同的车，共同协商、明确骑行路线。

【观察要点】

1. 观察幼儿双脚轮流踩踏自行车的动作，引导幼儿上下肢配合，发展动作协调、平衡能力。

2. 关注幼儿的安全，尤其是在运动中使用车辆时要注意幼儿前行与返回的方向，做好安全防护。

◆活动三：十字路口与交警◆

【环境创设】

提供木头或塑料的“交警站台”，利用教学楼楼前的空地及地塑创设十字路口的情境。为幼儿提供交警服饰，自制红绿灯。

【游戏建议】

幼儿在马路上自由骑行，经过十字路口时，认真观察交警的指挥动作并做出相应的反应。

【观察要点】

1. 扮交警的幼儿是否正确指挥。

2. 幼儿能否认真观察交警的动作和信号灯，遵守交通规则，停车时能否双手握住车把手，并用脚尖顶地保持身体左右平衡。

◆活动四：隧道与陡坡◆

【环境创设】

利用幼儿园主教学楼边上和后过道较狭窄的地方设置隧道和上下坡的情境，并标上相应的交通警示标志。

【游戏建议】

幼儿在骑行中认真观察交通标志，穿过隧道、下坡时能减缓速度并控制好方向，上坡前能加速踩踏，双人骑行或载人骑行时能互相协作骑上坡。

【观察要点】

1. 幼儿穿过隧道、下坡时能否提前放慢速度并控制好方向，上坡前能否提前加速。

2. 幼儿双人骑行或载人骑行时能否互相协作骑上坡，乘车幼儿是否会根据骑行情况下车帮忙推车上坡。

◆活动五：汽车加油站◆

【环境创设】

利用主教学楼后操场较大的空地，设置汽车加油站，引导幼儿自主选择大纸箱、塑料管等材料创设加油站情境。

【游戏建议】

加油站值班幼儿可以采用轮班制，轮流参与其中。在加油的过程中，幼儿根据自己骑行的车辆，选择适宜的油号加油。

【观察要点】

1. 幼儿停车、下车的动作，提醒幼儿用双手扶好车把，双脚先着地，从左边下车，保持身体平稳。

2. 加油站值班的幼儿是否正确持油枪对准加油口加油，发展幼儿手的精细动作。

◆活动六：汽车维修中心与洗车场◆

【环境创设】

利用两栋楼间的天井处设置汽车维修中心与洗车场，根据不同车型设置不同的维修区域，为幼儿提供维修工具、水桶、抹布、喷壶、围裙、袖套等材料。

【游戏建议】

幼儿自主选择材料建构汽车维修中心和洗车场各区域。模仿汽车司机，结合指示标志将车停放相应的维修区域；模拟维修工人，使用工具对汽车进行修理；模仿保养工人，对汽车进行美容。

【观察要点】

1. 幼儿是否将车停到准确的维修位置。

2. 幼儿在区域内对车拧、拉、喷、擦等，锻炼手部和腕部动作的情况。

◆活动七：菜鸟驿站◆

【环境创设】

利用楼梯处设置菜鸟驿站，根据不同快递设置不同动物的家，为幼儿提供快递盒、服装、帽子、外卖箱、动物的家等材料。

【游戏建议】

幼儿自主选择快递员或外卖员服装。模仿快递员或外卖员，去菜鸟驿站取快递，然后查看地址，将快递准确地送到相应动物的家。

【观察要点】

1. 幼儿是否将快递准确送到动物的家。

2. 幼儿在区域内合作、协商的情况。

◆活动八：停车场◆

【环境创设】

利用主教学楼后场地设置停车场，并在每个车位标上车牌号。

【游戏建议】

幼儿骑行结束后，能自主将车对号入库。

【观察要点】

幼儿是否将车对号入库，停到准确的位置。

案例二：朵拉爱探险

【活动目标】

1. 能在较窄的低矮物体、斜坡、荡桥和一定间隔的物体上行走，提高平衡能力。

2. 能以匍匐、手脚着地、手膝着地等方式安全地攀爬，提高协调性和灵活性。

3. 能双手抓杠悬吊起 10—20 秒，增强力量和耐力。

4. 敢于尝试有一定难度的活动和任务，具有敢于探险、勇于挑战、自尊、自主、自信的表现。

5. 感受规则的意义，并能遵守规则。

6. 感受运动的乐趣，拓展生活、运动经验。

【环境利用】

利用幼儿园操场的空地，提供各种宽度不同的平衡木、木梯、高低木凳、木质坡道、荡桥、油桶、管道、单杆、双杆、轮胎等，创设峡谷、冒险岛、黑暗隧道、鳄鱼潭、公鸡山、狂风桥等场景。

◆活动一：穿越峡谷◆

【环境创设】

利用各种高低木凳、宽窄平衡木、楼梯等设置难、中、易三种不同难度的峡谷，底下铺上地垫保护。

【游戏建议】

幼儿自主选择路线，从峡谷的起点到终点，从平衡木和楼梯通过时可用不同方式，如爬、站立走、坐在木板上滑行等。可单人独立完成，也可以大带小或同伴间互相扶持着通过。

【观察要点】

1. 幼儿过平衡木、楼梯时的方式。鼓励幼儿站立行走在平衡木上过关，发展幼儿的平衡能力。

2. 幼儿是否注意安全，尤其是有的幼儿双脚走在楼梯两侧过桥时要做好安全防护。

3. 幼儿是否敢于挑战自我、耐心等待，是否有团结互助的行为表现。

◆活动二：勇闯冒险岛◆

【环境创设】

提供油桶、轮胎、垫子等，将它们横放、叠放或竖放，创设成冒险岛。

【游戏建议】

幼儿跳过、走过或爬过轮胎山，翻过叠放着的油桶，最后爬上竖放着的油桶，从高处往下跳。

【观察要点】

1. 幼儿是否投入情境，是否有团结互助的行为表现。

2. 幼儿是否根据自己的能力自主选择过轮胎的方式，油桶的高低是否有助于促进幼儿从高处往下跳的动作发展，幼儿能否自主搬运垫子做好安全防护。

◆活动三：穿越黑暗隧道、狂风桥◆

【环境创设】

提供大管道、荡桥，将它们间隔摆放，设置成黑暗隧道和狂风桥的情境。

【游戏建议】

幼儿自主选择钻或爬过黑暗隧道，走过荡桥，再次钻或爬过两个黑暗隧道，走过荡桥。

【观察要点】

1. 幼儿能否用正确的钻、爬动作穿过黑暗隧道。

2. 大管道是否稳定。

3. 幼儿在过荡桥时是否安全，提醒幼儿之间适当保持距离。

◆活动四：翻越公鸡山◆

【环境创设】

设置木制山坡，并在其上设置具有绳结的拉绳和错落的木块。

【游戏建议】

幼儿利用绳索或木块爬上山坡，再从山坡上下来，重复过三座山坡。

【观察要点】

1. 幼儿上坡、下坡时选择的方式。

2. 幼儿攀、爬、拉等动作是否正确。

3. 幼儿活动中是否安全，避免活动中拥挤现象的发生。

◆活动五：勇闯鳄鱼潭◆

【环境创设】

提供单杆、双杆、垫子，设置成鳄鱼潭的情境。

【游戏建议】

1.幼儿自主选择双手抓单杆，两脚离地，双手交替往前移动或侧身移动。

2.幼儿双手抓握双杠，双脚踩住下层杠前行。

【观察要点】

1.幼儿是否投入游戏情境，敢于探险、勇于挑战。

2.幼儿过鳄鱼潭的方式。

3.幼儿活动中是否安全，能否自主搬运垫子做好安全保护。

案例三：炮兵训练营

【活动目标】

1.练习走、跑、跳、钻、爬、攀登、平衡、投掷等动作，促进身体协调性和灵活性的发展。

2.喜欢参加体育活动，体验体育活动带来的快乐。

3.在活动中能与同伴共同协商、分配角色，注重合作，遵守游戏规则。

【环境利用】

利用后操场及廊道、围墙，结合自制木质坡道、球洞、管道、球杆、乒乓球、杯子、标志桶、运动砖、洞洞板等器械或材料，引导幼儿根据游戏需要，自主创设游戏场景。

◆活动一：野战营◆

【环境创设】

投放轮胎、迷彩爬网、玩具枪、黏黏球、野战背心等，利用娃娃城堡一楼、二楼的空间，自主创设野战营的情境。

【游戏建议】

幼儿分别扮演红、蓝队野战员，穿戴好装备，走过雷区，寻找伏击地点，通过射击、投掷、快速闪躲、跑、钻、爬的方式开始对战。被射中、扔中的幼儿暂时退出游戏，规定时间内剩下野战员多的一方为胜。

【观察要点】

1. 幼儿是否遵守野战规则。

2. 幼儿创设的游戏场景是否合理。

◆活动二：运送物资营◆

【环境创设】

投放军帽、迷彩背心、推车、军用沙袋等，将城堡四周的过道设置成运输通道。

【游戏建议】

野战员将军用物资放在推车上，从起点处出发，沿着箭头指定路线将物资运送到军营帐篷处，卸下物资后将推车摆放整齐。

【观察要点】

1. 幼儿能否根据线路图进行游戏，并把握好推车的平衡。

2. 幼儿游戏时是否认真投入，注意前后队员间的距离，有序参与游戏。

◆活动三：打靶训练营◆

【环境创设】

投放迷彩网、标靶、软弹枪、水枪、军帽、迷彩背心、水桶等，利用娃娃城堡、陡坡、五环圈、廊架等空间创设训练营场景。

【游戏建议】

幼儿穿好装备，自选路口爬上城堡，滑下滑滑梯，穿过火圈，滑下山坡，用水枪或软弹枪，站在黄线处参与射击训练。

【观察要点】

1. 幼儿是否能积极参与游戏，勇于挑战。

2. 幼儿能否遵守游戏规则，注意游戏中的安全。

◆活动四：体能训练营◆

【环境创设】

投放轮胎、木板、沙包、拳打脚踢袋、跳圈、跨栏、皮筋、黏黏球、标靶等，利用幼儿园二楼中间空场地与天桥过道，幼儿自主商讨创设体能训练场地。

【游戏建议】

1. 小小士兵穿戴好装备，沿着红色箭头路线直至天桥过道，跳过障碍，穿越火线，爬过迷彩网，最后到达投掷墙，进行投掷。

2. 将轮胎、木板单独或组合摆放，练习跳、钻、平衡等动作，

3. 将轮胎从起点翻动前进至终点。

4. 将沙包、拳打脚踢袋的两端固定在栏杆两侧，练习拳击、踢腿等动作。

5. 将拳打脚踢袋平放地上，练习双脚、单脚行进跳、跨跳。

【观察要点】

1. 幼儿材料的利用与摆放是否安全，能否达到有效的锻炼效果。

2. 幼儿在游戏过程中是否注意和其他幼儿拉开距离，有安全意识。

案例四：功夫熊猫

【活动目标】

1. 练习平衡、爬、攀等基本动作，提高身体动作的协调性和灵活性。

2. 能根据自己的平衡能力选择难度适宜的模块练习，不逞强也不偷懒。

3. 能感受规则的意义，自觉遵守游戏区规则。

4. 积极参加运动区游戏，并接受一定难度的挑战，体验游戏的乐趣。

【环境利用】

以幼儿园三棵白玉兰树下的操场为主场地，整合大树周边的木椅、

悬空索道、滑索等设施，提供滑板、自制组合水桶、平衡板、自制梅花桩、轮胎等材料，供幼儿自主创设悬空索道、运水、滑板高手、定海神珠、横扫千军、海盗船等游戏场景。

◆活动一：悬空索道◆

【环境创设】

提供走扁带和滑索，在幼儿园东边操场的三棵白玉兰树之间设置悬空索道。

【游戏建议】

1. 幼儿利用楼梯爬上扁带，双手抓住上扁带，双脚踩住下扁带，双手双脚交替正向或侧向朝索道尽头移动。

2. 在教师的引导下，幼儿可自主选择坐托盘或站托盘，双手抓紧绳子滑行。

【观察要点】

1. 幼儿是否敢于探险、勇于挑战自我。

2. 在游戏中，幼儿是否注意安全，是否做好幼儿安全防护措施。如提醒幼儿有序地过悬空索道，在滑索前确保幼儿已经坐好或站好，之后才能滑行。

◆活动二：运水◆

【环境创设】

提供自制水桶阵、平衡凳、摇摇板、轮胎、梅花桩、扁担、水桶等，整合大树下的圆形花台，设置运水路线。

【游戏建议】

1. 幼儿从起点处开始，走不同高度和宽度的平衡凳，绕过树圈，踩

过轮胎，爬过水桶阵，过平衡板，踩梅花桩，到达终点，完成训练。

2. 幼儿每人挑一对水桶，走平衡凳，过树圈、轮胎、绕过水桶阵，过平衡板和梅花桩，到达终点，完成训练。

【观察要点】

1. 幼儿自主布置场地的情况，选择的游戏方式是否符合自身的运动水平。

2. 幼儿是否投入地参与游戏，游戏时能否遵守游戏规则，与前后幼儿间的距离是否适宜。

◆活动三：滑板高手◆

【环境创设】

在操场上设置一个方形的活动区域，提供滑板、手套若干，设置起点和终点。

【游戏建议】

1. 幼儿运用滑板，自主探索滑板的玩法，如可俯卧在滑板上，戴上手套，用手撑地，让滑板向前滑行；或坐在滑板上，戴上手套，用手撑地，让滑板向前滑行；或一脚踩滑板，另一脚蹬地让滑板向前滑行；或两两合作，一人坐滑板，另一人推。

2. 可开展竞赛。用同样的方式，从起点出发，先到达终点的为胜。

【观察要点】

1. 幼儿是否能自发地探索滑板的多种玩法。

2. 幼儿是否有团结协作精神，竞赛时是否有竞争意识和规则意识。

3. 幼儿活动是否安全，是否在指定的长方形区域和路线练习滑板。

◆活动四：定海神珠◆

【环境创设】

提供塑料圆柱和乒乓球，在地面设置直线或波浪线。

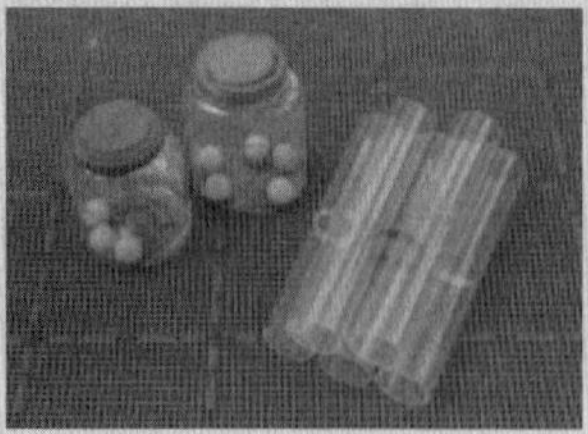 

【游戏建议】

1. 幼儿人手一个塑料圆柱和一个乒乓球，将圆柱平放，乒乓球放入圆柱中，两手托住圆柱的下端，挑战走直线或波浪线。走线的过程中，保证乒乓球不从圆柱中掉出，则挑战成功。

2. 可开展竞赛。选择同样的路线，同时从起点出发，不掉球，先到达终点的为胜。若中间掉球了，应原地捡起再出发。

【观察要点】

1. 幼儿在游戏中是否投入、沉着、有耐心，是否手眼协调。

2. 幼儿在竞赛时是否遵守游戏规则。

◆活动五：横扫千军◆

【环境创设】

提供软棍和梅花桩，将梅花桩散点放置。

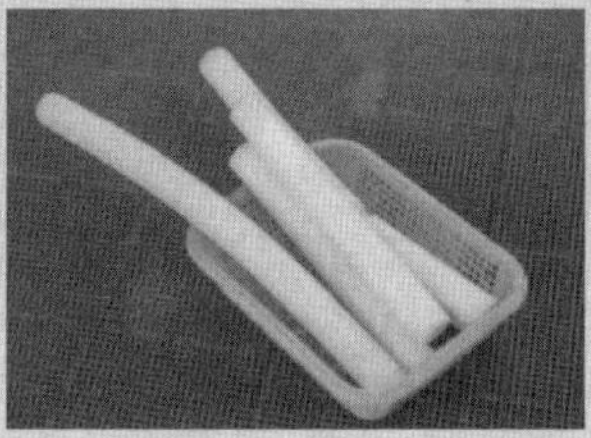

【游戏建议】

幼儿人手一根软棍，选择一个对手，两人站在梅花桩上用棍“对战”，将对方从梅花桩扫落者获胜。

【观察要点】

1. 幼儿是否积极投入游戏，站在梅花桩上是否平稳。

2. 幼儿活动是否安全，提醒幼儿对战时注意保护眼睛。

◆活动六：海盗船◆

【环境创设】

提供大滚筒和木块，设置成海盗船。

【游戏建议】

幼儿躺在大滚筒里，通过上肢和下肢轮番发力，使滚筒前后摇晃起来，但不滚出指定区域。

【观察要点】

1. 幼儿上下肢的协调配合能力。

2. 滚筒下的木块摆放是否合理。

（三）民间体育区

案例：民俗对对碰

【活动目标】

1. 了解常见民间体育活动的玩法与规则，增强规则意识。

2. 锻炼走、跑、跳、爬、平衡等基本动作，提高身体的协调性和灵活性。

3. 喜欢民间体育活动，感受与同伴参与民间体育活动的快乐。

4. 乐于与同伴交往合作，具有勇于挑战、战胜自我的意志，提升运动素养。

【环境利用】

利用幼儿园前操场的空地，提供跳皮筋、铁圈、长竹竿、甩脚圈、毽子、高跷、花绳尾巴、布袋、布龙、自制板凳龙、狮子头等幼儿喜欢的民间体育器械，引导幼儿根据器械的性质和功能创设游戏情境。

◆活动一：大田板凳龙◆

【环境创设】

投放自制板凳龙节，乐器鼓、锣、钹、镲等或锣鼓音乐，利用幼儿园前操场的外围和教学楼的过道、走廊、长廊，形成迎龙的路线。

【游戏建议】

1. 直龙。8—12 名幼儿为一组，自主创设迎龙的路线，协商分配角色，1 人迎龙珠并腰上佩戴音乐播放器或 3—4 名幼儿敲打乐器，其余迎龙头、龙身、龙尾。游戏开始，有序排好队伍，将板凳龙节衔接成长龙。举龙珠的带队，迎龙的幼儿齐心协力跟紧龙珠，龙珠停龙跟着停，龙珠左右摇摆龙身则跟着左右摇摆。

2.绕龙。举龙珠的幼儿向内绕着圆圈走，龙头、龙身跟着绕圆圈，最后将龙头紧紧围绕在最中心。

【观察要点】

1.幼儿在舞龙过程中手臂举板凳龙节的韧性。

2.幼儿是否注意安全，尤其是龙在快走、慢跑、左右摇摆、上举、下蹲等交替时，考验迎龙集体的合作性，提醒幼儿注意与同伴的配合，做好安全防护工作。

◆活动二：舞布龙◆

【环境创设】

投放自制的大（小）布龙、龙珠、鼓或音乐《金蛇狂舞》，利用幼儿园操场、长廊、教学楼的走廊和大厅形成循环的游戏场地。

【游戏建议】

1.幼儿自主选择小布龙，练习小布龙的多样舞法。

（1）前8如意：右手持手柄，龙头从左下往右上抛，顺势将龙头从右下往左上带，形成一个横着的8字。

（2）后8吉祥：右手持手柄，从右往后甩，顺势向右后方起，到头顶时换左手持手柄，从左下往后方起，到头顶时换回右手持手柄，如此反复。

（3）喜跳龙门：右手持手柄，在身体前方往顺时针方向画圈，每当手柄带动龙头刚超过双腿时，双脚交替快速跨过龙身。

2.幼儿多人合作舞大布龙。6—8名幼儿分工协作舞大布龙，有的舞龙珠，有的舞龙头，有的舞龙身，有的舞龙尾，有的敲鼓。舞龙按照一定的路线循环游戏，幼儿既要根据鼓声的快慢做出相应的小跑或慢走，又要根据龙珠的舞动方向舞动龙身。幼儿间可互相交换角色重复游戏，随着游戏的熟练程度可尝试穿龙、盘龙等技巧。

【观察要点】

1.幼儿舞动小布龙时的动作是否流畅，引导幼儿上下肢配合，发展动作协调、平衡能力。若有幼儿出现龙布缠绕、打结现象，给予个别指导。

2.幼儿舞大布龙是否安全，尤其是在边舞动边行走的过程中，提醒舞龙头的幼儿速度不宜过快，舞龙身和舞龙尾幼儿要协调配合龙头的摆动方向。

◆活动三：舞狮子◆

【环境创设】

投放狮子头若干、鼓一面，利用幼儿园操场为舞狮的场地。

【游戏建议】

1.幼儿根据图谱或舞狮视频的内容自主练习舞狮的简单动作和基本表情。

（1）简单动作：伸胳膊、踢踢腿、蹦蹦跳、转转圈、狮子滚绣球等。

（2）狮子的基本表情：环顾前方，瞻望五下；环顾右方，瞻望三下；环顾左方，瞻望三下；跳跃时表现出高兴的表情，向上45°抖三下。

2.幼儿两人一组，两两相对着“斗狮”。以一名幼儿为主，做各种动作，另一名幼儿要与对方幼儿动作一致、方向一致，并学习舞狮礼仪。

【观察要点】

1.幼儿舞狮的动作是否规范，引导幼儿上下肢配合，发展动作协调、平衡能力。

2.幼儿舞狮是否安全，尤其是从下蹲到跳起时把狮子头高举和蹲下时把狮子头套在头上的动作，提醒幼儿注意别磕着脸部。

◆活动四：老鼠娶亲◆

【环境创设】

投放自制轿子，彩旗，乐器锣、鼓、唢呐和音乐等，利用幼儿园操场的外围和主教学楼的大厅、走廊、长廊，形成娶亲的路线。

【游戏建议】

1. 幼儿分成四队，第一二队在队伍前举迎亲牌，第三队打鼓，第四队抬花轿，到达对面指定地点后，将对面的新娘请进花轿，并绕着指定路线返回。在整个往返过程中，必须保证花轿不落地。

2. 游戏可在互相协商、交换角色中反复进行。

【观察要点】

1. 幼儿是否投入游戏情境。

2. 幼儿在游戏中与同伴的配合能力。

◆活动五：踩高跷◆

【环境创设】

投放高跷、小锥子若干，利用迷彩布间隔着剪一些洞洞，创设成森林情境。

【游戏建议】

1. 幼儿自主练习。将脚底的中心踩在高跷上，绳子往上提，拉得紧紧地，走稳一步再走下一步，在场地上自由行走。

2. 引导幼儿利用小锥子、迷彩布创设森林情境，踩着高跷穿越森林。

3. 开展竞赛。幼儿分成人数相等的两组，比一比哪组先顺利穿越森林。

【观察要点】

1. 幼儿踩高跷行走的动作，提醒幼儿用双手拉好绳子，双脚先踩稳，保持身体平稳。

2. 幼儿能否跨过障碍物并保持身体的平衡和灵活，发展幼儿手脚的协调能力。

（四）一物多玩区

案例：废品旧物也是宝

【活动目标】

1. 能利用废旧物或熟悉的材料，探索单一器具的多种玩法，发扬探索精神，提高创新能力。

2. 在尝试材料的多种玩法中，锻炼走、跑、跳、钻、爬、平衡、滚翻、投掷等基本动作能力，提高身体的协调性和灵活性，促进身体的全面发展。

3. 增强对体育活动的兴趣和主动性、坚持性。

4. 乐于与同伴交往合作，体验与同伴共同探索和运动的快乐。

5. 喜欢竞赛，有竞争意识和规则意识，形成不怕挫折、勇于创新、敢于挑战的良好品质。

【环境利用】

利用幼儿园主教学楼前的悬浮地板操场，提供报纸、废旧宣传条幅、绳子、易拉罐、小棍、轮胎、茶叶盒等幼儿熟悉的材料，引导幼儿根据材料探索多种玩法。

◆活动一：报纸◆

【游戏建议】

1. 好玩的高尔夫

（1）将报纸团成纸球放在起点处，参加游戏的人站在球旁，持纸棍击打纸球，像打高尔夫球一样将球击打至终点线外。

（2）可进行比赛，击球远者为胜。

2. 飞起来的报纸

（1）用手将报纸贴在胸前快速向前跑，将双手放开使报纸不掉落。在跑步过程中，双手不可触及报纸。

（2）可开展竞赛，参加游戏的人站在起点线外，将报纸贴在胸前跑到终点，看谁的报纸不会掉下来。双手触及报纸的算犯规，停止游戏一次。

3. 报纸跳跳跳

将剪好的报纸图形铺在地面上，在报纸空挡间做跳跃动作，可以双脚跳、双脚侧身跳，也可以单脚跳、单脚侧身跳，还可以双腿夹着报纸跳。

4. 我学螃蟹走

两名幼儿背靠背把报纸夹起来，手臂伸直，身体紧靠着，像螃蟹一样横着走，两人齐心协力不让报纸掉下来。

5. 打怪兽

预先做好若干怪兽的脸，把报纸搓成球状，幼儿拿纸球打怪兽。

6. 顶顶乐

幼儿把报纸放在头上顶着走，使报纸不掉落。

7. 链条

将多张报纸粘在一起成链条形，几名幼儿双手高举“链条”一起向前走。

8. 过桥

幼儿拿两张报纸当作垫脚石，从起点出发，站在报纸上交替向前移动，即：站在其中一张上，将另一张铺在前面，然后走到前面一张上，再把后面那张移至前面，如此反复，直至终点。

9. 看谁先落地

幼儿两人一组开展竞赛。将整张报纸放在地上，两名幼儿拥抱在一起且在报纸中间单脚站立，另外一只脚不能着地。接着把报纸对折变小，两个人以同样的方法在报纸上站立。报纸越折越小，看哪一组的幼儿两脚先着地。

10. 运球

幼儿两人合作游戏，将其中一张报纸揉成球，另一张报纸平铺，把纸球平放在报纸中间，两名幼儿分别拿着报纸的四个角搬运球。

【观察要点】

1. 幼儿的手臂力量和控制能力。

2. 幼儿跑步的动作是否正确，在比赛过程中是否遵守规则，不用双手触碰报纸。

3. 幼儿双脚或单脚行进跳、侧身左右跳时，动作是否自然协调。

4. 幼儿的平衡能力及与同伴的合作能力。

5. 幼儿投掷的动作和手眼协调的能力。

6. 幼儿能否探索报纸的多种玩法。

◆活动二：废旧宣传条幅（红布条）◆

【游戏建议】

1. 过红毯

练习各种各样的爬。将红布条平铺在地上，幼儿选择不同的爬法（手脚爬、手膝爬、匍匐爬等）爬过红毯。每个幼儿间保持适当的距离。

2. 我是“压路机”

练习翻滚的动作要领。将红布条平铺在地上，幼儿依次在红布条一侧躺好，再向另一侧侧滚翻。每个幼儿之间保持适当的距离。

3. 好玩的桥墩

几名幼儿站在红布条的两侧，手举红布，有高有矮，当桥墩。孩子根据高矮，选择蹲走或屈身走的方式绕过桥墩。

4. 过山洞

两名幼儿站在红布前方，手拿红布当洞口，其余幼儿排好队，一个跟着一个向前跑，跑的过程中双手在头顶前后倒手。训练能够在看不见前方道路的情况下，双手在头顶前后倒手，快速冲过红布条。要求不能跑到洞外面，跑的速度要快。

5. 快乐的小青蛙

将红布条平铺在地上，幼儿像小青蛙一样在红布条的两侧左右跳。宽度在 0.2—1 米的范围内递增。

6. 快乐的小火车

幼儿集体骑在红布条上，双手抓好红布条，大家一起喊口令“一二一二”原地踏步，等大家步伐一致后，像开小火车一样骑着红布条向前走。

7. 悬索桥

将红布条拢成大绳子，两端固定在栏杆或大型玩具上，幼儿倒着手脚挂在绳子上，从一端移动到另一端。

【观察要点】

1. 幼儿在做走、爬、跑、跳、侧滚翻等动作时是否正确，动作是否自然协调。

2. 幼儿能否探索废旧宣传条幅的多种玩法。

3. 幼儿与同伴的团结协作能力。

◆活动三：旺仔牛奶罐◆

【游戏建议】

1.瞄罐击罐

（1）将空罐任意四散地放在地上，幼儿拿一个罐站在两米开外（可根据幼儿自身能力调整距离），瞄准易拉罐击打，发展幼儿的手眼协调能力和击准能力。

（2）开展竞赛。设置投掷线和目标线，将旺仔牛奶罐摆在目标线上，参加比赛的幼儿站在投掷线上，在一定时间内，谁击中的旺仔牛奶罐数量多谁获胜。

2.打保龄球

（1）将10个旺仔牛奶罐摆放成三角形，用其中一个易拉罐瞄准击打，培养手眼协调能力。

（2）分组开展竞赛。在相同的距离下，几名幼儿同时击打10个易拉罐，看谁最先把罐子全部击倒。

3.小兔跳

（1）将旺仔牛奶罐有距离地堆放成不同高度的障碍物，幼儿练习双脚或单脚跳过障碍物，发展幼儿双脚、单脚行进跳过障碍的能力。

（2）将旺仔牛奶罐有距离地排成直线，幼儿练习S形走和跑。

4.过小河

用胶带将旺仔牛奶罐五个五个绑成一组，摆放成河里的石头，幼儿从石头上走过，训练平衡能力。

5.旺仔牛奶罐对滚

将罐子装一些豆豆，用透明胶带黏牢开口，幼儿两人相对滚罐，发展幼儿推滚动作和手眼协调能力。豆子沙沙响的声音，能增加游戏趣味性。

6.踢足球

用旺仔牛奶罐摆放成球门状，另取一个罐子当球。幼儿分成两队，每队派一名幼儿当守门员。裁判用长哨声发出信号，两队球员开始踢球，把球踢进对方球门一次得一分。该活动可发展幼儿跑步动作、腿部力量及动作的灵活性。

7.穿越树林

将旺仔牛奶罐在场地上摆放成树林状，幼儿单脚跳，沿着不同的线路从树林中穿过。在穿越树林的过程中，另一只脚不能着地，也不能碰倒大树。如果碰倒了大树，原路返回，重新游戏。该活动

可锻炼幼儿腿部力量，发展幼儿平衡控制能力。

【观察要点】

1. 幼儿走、跑、跳、平衡、投掷、踢等动作的发展情况。

2. 幼儿能否探索旺仔牛奶罐的多种玩法。

3. 幼儿能否投入游戏情境，能否与同伴合作交流，是否遵守游戏规则。

◆活动四：小棍◆

【游戏建议】

1. 跳障碍

（1）两名幼儿分别拿起小棍的两端，让其他幼儿从小棍上面跳过去。小棍离地距离视幼儿能力而定。拿小棍的幼儿不能随便移动小棍的位置，保证幼儿的安全。

（2）将小棍竖着摆放好，幼儿可利用小棍练习左右两侧行进跳。

（3）小棍间隔着摆成一列，幼儿可以练习双脚向前和单脚向前行进跳。

2. 钻山洞

两列幼儿面对面站好，每两人各拿起小棍的两端，搭成长长的山洞。最前面的两名幼儿躬身钻过山洞，站到队尾再搭好。钻的过程中不能碰到小棍，山洞的高矮可调节，搭山洞的幼儿要握紧小棍，保证幼儿的安全。该活动可提高幼儿躬身钻动作的灵敏性。

3. 钻过障碍区

两名幼儿面对面站好，握住两根小棍的两端，双手分开，一手在上，一手在下，离地 30 厘米左右，其他幼儿迈过下面的小棍，再从中间钻过去。练习侧身钻，可提高幼儿动作的灵敏性。

4. 小标枪

一手托在小棍的中间，同侧腿后撤一步，用力向前方投掷小棍。练习标枪投掷，发展幼儿上肢肌肉力量。应选择相对独立的空间，确保小棍不会扔到其他活动中的幼儿。

5. 跳格子

将小棍按一定的图形进行摆放，练习单脚、双脚交替跳或双脚开合跳。

6. 看谁爬得快

将小棍连接摆放成一长条，练习手膝着地爬或手脚着地爬。

7. 不倒翁

三名以上幼儿围成圈，用同一个手握住小棍的上部分，一同喊“1—2—3”的口号，当说到“3”时，同时松开握住小棍的手，并朝顺时针方向或逆时针方向移动一步，快速握住前一个小棍，游戏反复进行，确保小棍不倒地。移动时谁没及时握住前一根小棍视为输，退出游戏，谁能坚持到最后便是胜利者。

【观察要点】

1. 幼儿跳、钻、投掷、爬等动作的发展情况。

2. 幼儿能否持续探索小棍的多种玩法。

3. 幼儿在玩“小标枪”游戏时的安全意识。

4. 幼儿在玩“不倒翁”游戏时的反应能力、手眼协调能力和与同伴的团结协作能力。

◆活动五：轮胎◆

【游戏建议】

1. 爬的游戏

（1）将轮胎一个挨一个地摆成一排，幼儿从上面用手膝爬和手脚爬通过，或侧身从轮胎两侧手脚着地爬过。

（2）分组开展竞赛。轮胎摆放的个数和距离相等，幼儿分成人数相等的几组，每队幼儿依次爬过轮胎，哪组幼儿最先全部通过获胜。

2. 过小桥

（1）将轮胎一个挨一个地摆成一排，幼儿在轮胎上平稳走过。

（2）分组开展竞赛。轮胎摆放的个数和距离相等，幼儿分成人数相等的几组，每队幼儿依次走过轮胎，哪组幼儿最先全部通过获胜。

3. 爬山

将若干轮胎随意摆放，堆放成小山状，幼儿练习攀爬能力。

4. 大力士

（1）拉动轮胎倒退着走一定的距离。

（2）用双手将轮胎不断向前翻动一定的距离。

（3）分组开展竞赛。设置起点和终点，谁最先到达终点获胜。

5. 风火轮

（1）将轮胎间隔着摆成一排，并在每个轮胎上再立一个轮胎成风火轮，幼儿依次钻过，避免轮胎倒下。

（2）分组开展竞赛。轮胎摆放的个数和距离相等，幼儿分成人数相等的几组，每队幼儿依次钻过轮胎，哪组幼儿最先全部通过获胜。

6. 轮胎跳跳乐

（1）将轮胎摆成一排，轮胎之间间隔相等的距离，幼儿进行往前跳进轮胎和跳出轮胎的练习。

（2）分组开展竞赛。轮胎摆放的个数和距离相等，幼儿分成人数相等的几组，每队幼儿依次跳过轮胎，哪组幼儿最先全部通过获胜。

7. 车轮滚滚

（1）将轮胎立起来，两手交替向前推滚，避免轮胎倒下。

（2）分组开展滚轮胎接力比赛。幼儿分成人数相等的几组，由每队前一位幼儿开始向前滚轮胎到终点后再滚回来，传递给后一位幼儿后到队伍后面排队。游戏依次进行，哪组最先完成接力获胜。

8. 占轮胎

轮胎比幼儿人数少一个，四散摆放在场地，幼儿根据铃鼓节奏的快慢做相应跑和走的动作，当铃鼓声停，要快速占一个轮胎，没占到轮胎的幼儿，暂时停止游戏，谁坚持到最后谁获胜。

9. 打地鼠

将轮胎摆放成一圈，每个轮胎内蹲一名幼儿为“地鼠”，一名幼儿站圈内扮演打“地鼠”的人，看到哪只“地鼠”站起来，就快速过去拍他的头，轮胎内的“地鼠”看到打“地鼠”的人跑过来要快速蹲下，不让拍到头，当打“地鼠”的人从面前走开后再站起来。哪只“地鼠”被拍到头，则与打“地鼠”的人交换角色。游戏反复进行，可训练幼儿的快速反应能力。

【观察要点】

1. 幼儿爬、平衡、跳、钻、滚轮胎等动作的发展情况。

2. 幼儿能否持续探索轮胎的多种玩法。

3. 幼儿在与同伴合作游戏和竞赛中，能否与同伴团结协作，能否遵守游戏规则。

◆活动六：茶叶盒◆

【游戏建议】

1. 平衡走

（1）用茶叶盒摆出宽窄不同的小路，让幼儿在茶叶盒设置的小路中间行走，发展幼儿的平衡能力。

（2）可进行比赛，在行进中，茶叶盒不倒下且速度最快者为胜。

2. 我会跨跳

将茶叶盒摆成有一定宽度和高度的障碍物，幼从起跑线出发，靠近障碍物时，用助跑跨跳的方越过障碍物。该活动可发展幼儿助跑跨跳的能力。

3. 双脚越障碍连续跳

（1）将几个茶叶盒横着摆放，茶叶盒之间相距 50 厘米左右。幼儿从起始线出发，双脚并拢或单脚持续跳过障物。脚踩到茶叶盒算犯规，停止游戏一次。

（2）分组开展竞赛。茶叶盒摆放的个数和距离相等，幼儿分成人数相等的几组，每队幼儿依次跳过茶叶盒，哪组幼儿最先全部通过获胜。

4. 单脚、双脚左右行进跳

（1）将多个茶叶盒竖着摆放成一长列（距离根据幼儿实际情况灵活调整），幼儿单脚、双脚练习左右行进跳。

（2）分组开展竞赛。茶叶盒摆放的个数和距离相等，幼儿分成人数相等的几组，每队幼儿依次跳过茶叶盒，哪组幼儿最先全部通过获胜。

5. 立定跳远

将茶叶盒横着或竖着摆放，摆成 60—80 厘米宽窄不同的小河。幼儿站在茶叶盒旁边，跳过障碍物。踩到障碍物者算犯规，停止游戏一次。

6. 顶盒走

（1）幼儿从起始线出发，将茶叶盒顶在头顶上向前行走，茶叶

盒掉下来的幼儿要重新回到起点，最快走到终点的幼儿为胜利者。

（2）可提高游戏难度，将部分茶叶盒设置成障碍物，让幼儿头顶茶叶盒绕过、跨过茶叶盒。

（3）可将茶叶盒放在背上，让幼儿猫着走。

7. 手脚爬

将茶叶盒竖着摆放，摆成一行或两行，幼儿从起点出发，手脚并用爬到终点，速度最快者为胜。

【观察要点】

1. 幼儿平衡走、单跳和双脚行进跳、跨跳、立定跳远、手脚爬等动作的发展情况。

2. 幼儿能否持续探索茶叶盒的多种玩法。

3. 幼儿在与同伴合作游戏和竞赛中，能否与同伴团结协作，是否遵守游戏规则。

模块四　幼儿园体育教学活动

幼儿园体育教学活动是指在教师的指导下，以身体动作的练习为主要内容，有目的、有计划、有组织的教学活动。它注重幼儿身体的全面锻炼与发展，既提高幼儿的身体素质，发展幼儿的基本活动能力，增强幼儿的体质，又重视幼儿身体、智力以及良好个性品质等方面的协调发展。通称体育课，是幼儿园体育活动的组织形式之一。

一、幼儿园体育教学活动的结构

幼儿园体育教学活动的结构是体育教学过程中的各个组成部分，以及各部分内容和组织工作的安排顺序、时间分配等。小班每节课活动的时间为 15—20 分钟，中班每节课活动的时间为 25—30 分钟，大班每节课活动的时间为 30—35 分钟。另外，根据人体生理机能活动变化的规律，体育教学活动可相应地分为开始（准备）部分、基本部分和结束部分。开始部分一般占总活动时间的 10%—20%，基本部分占总活动时间的 70%—80%，结束部分占总活动时间的 10% 左右。体育教学活动的三个部分是相互联系的统一的教学整体，但它们之间又有区别。

（一）开始（准备）部分

教师简单交代活动的内容和要求，使幼儿每个器官迅速、有准备地进入运动状态。根据教学的目标和任务，开始（准备）部分可设计为一般性准备活动和专门性准备活动。

1. 一般性准备活动

可进行徒手操、模仿操、轻器械操（如绳操、棍操、花操、圈操、旗操等）、变速走跑、游戏性走跑等。

2. 专门性准备活动

主要是针对基本部分中的内容做些准备活动，比如，基本部分学习跑跳动作，那么在专门性准备活动中可增加一些下肢关节（如膝关节、踝关节、脚趾关节）的练习动作，若是投掷则要多设计上肢运动的动作。

本部分的时长为 3—5 分钟。

（二）基本部分

基本部分是体育教学活动的核心部分，教师通过教授新内容或复习旧内容来完成教学任务和教学目标。在教学组织中，建议采用游戏教育手段，避免小学化和成人化的教学形式，这是完成教学任务的关键。

1. 常用的游戏形式

（1）各种模仿性的动作

①模仿动物动作，如小兔跳、大象走、小马跑、猴子爬、小鸟飞、小熊过河等。

②模仿生活中的见闻，如雪人化了、火车开动、刮大风等。

③模仿军事动作，如炸碉堡、穿越封锁线、爬越障碍等。

（2）一物多玩

①利用一些日常用品，如椅子、桌子等作为活动器材。

②利用生活中的废旧物品，如旧报纸、可乐瓶、饼干盒、易拉罐、边角布料、PUC 管、轮胎、泡沫垫等作为游戏活动的材料，这些材料具有玩法多变、经济实用等特点，可激发幼儿参与活动的积极性。

（3）竞赛性游戏即以比赛形式进行游戏，比较适合中大班。

2. 注意事项

（1）新的教学内容尽量安排在活动的前半部分，能使幼儿高度兴奋的教学内容安排在活动的后半部分。

（2）运动量的安排应逐渐加大，练习与休息合理交替进行。

（3）教师在活动中应有效、合理地运用时间，避免出现教师讲解冗长、幼儿练习中等待时间过长等情况，因此，教师需要注意组织的各练习环节之间的紧凑性，不要临时布置场地和摆放器材。

本部分的时长为 10—25 分钟。

（三）结束部分

结束部分主要是为了放松幼儿的肌肉，尽快帮助幼儿消除疲劳，使幼儿的身体由运动状态逐渐恢复到相对安静的状态，有组织地结束一个活动。结束部分可以安排的内容有：

1. 放松运动

可以安排轻松自然的走步、整理动作，或做较安静的游戏、简单的律动动作。

2. 教师小结

教师可进行简单的点评小结，指出本活动中幼儿存在的主要问题。在整个点评过程中，应以鼓励、表扬幼儿为主，激发幼儿参加体育活动的兴趣。

本部分的时长为 3—5 分钟。

需要说明的是，体育教学活动的三个部分虽各有任务和内容，但在活动中紧密相连，共同实现体育教学活动的目标。另外，体育教学活动各部分内容和时间的安排也应根据具体的活动任务、目标、季节气候特点、场地、器材条件以及本班幼儿的具体情况，灵活地组织和安排。

二、幼儿园体育教学活动的注意事项

体育教学活动的设计是根据体育教学活动的目标，选择、创编、安排幼儿体育内容的过程，应注意以下几个问题。

（一）活动内容的全面性

设计体育教学活动时要注意各种内容的合理搭配，既要有发展动作、增强体质、增长知识的内容，又要有培养品德、锻炼意志、发展能力的内容。设计时要把握好全面与重点的关系，一是在全面发展运动素质中以力量、协调、平衡、灵敏等素质为主，二是在全面发展基本运动能力中以走、跑、跳、投为主，三是在全面发展心理素质中根据幼儿心理发展的规律、心理活动的特点，在不同年龄阶段和不同活动中确定不同的发展重点。例如，小班动作发展和练习重点为平衡、走、爬，中班动作发展和练习重点为跑、跳、钻，大班动作发展和练习重点为跑、跳、投。

（二）强度、密度的适宜性

在体育教学活动中，要根据活动内容、教学任务、教学条件和幼儿的身心发展特点等因素，在遵循人体生理机能变化规律的前提下，合理地安排体育教学活动的强度和密度，使身体的负荷与休息合理地交替，达到适宜的运动负荷量。

活动强度与密度是决定运动负荷的主要因素。在体育教学活动中，当强度大时，就要适当减少密度；反之，当强度小时，就要适当增加密度，以达到适宜的运动负荷。对幼儿而言，要求做到低强度、高密度，以符合各年龄段幼儿的运动负荷曲线规律。例如，可以采用鱼贯式增加密度提高运动负荷量，采用等待的形式降低密度降低运动负荷量。

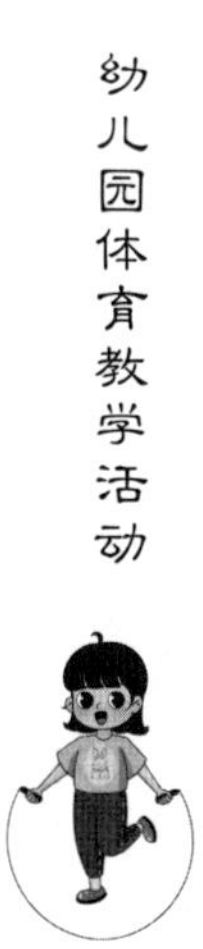

（三）活动形式的游戏性

游戏是幼儿最喜爱的活动，也是幼儿各类活动的主要组织形式。因此，在幼儿体育教学活动中，要注重通过设计有趣的游戏内容和游戏形式，来开展各类活动，让幼儿在感兴趣的游戏中感受体育活动的快乐，萌发对体育活动的兴趣，提高身体素质，培养良好的个性心理品质。

（四）教学方法的有效性

体育教学的每一种方法都有其特点和使用的范围，教师要从实际出发，选择有效的教学方法，以适应幼儿的需要。这里要强调的是，除了必要的示范外，教师要十分注重情境的创设和过程的引导，使幼儿能在教师预设的情境中自主地进行探索和思考。以“炸弹大战”为例，一开始，教师并不直接示范报纸变成炸弹的方法，而是引导幼儿思考“如何把一张报纸变成一个炸弹”，在个别幼儿的启发下，其他幼儿也会将报纸快速揉成纸球变成炸弹。随后在“炸弹扔高”环节，是通过请一个“小兵”与教师比赛“看谁扔得高”，启发幼儿对比炸弹的大小，从而发现“炸弹越小”即纸球捏得越紧实，扔得越高，让幼儿在自我调整纸球的紧实度后再次练习，使他们的主动性、积极性得到发挥。在幼儿动作练习的过程中，教师还可以利用一些朗朗上口、幼儿能够理解的儿歌和童谣来帮助他们掌握动作要领。如在“跳皮筋”活动中，教师将跳皮筋的方法用图谱的方式进行呈现，并将跳法创编成儿歌：“小青蛙，跳池塘，张开双脚跳两边，跳回池塘脚并拢，跳上左边站稳来，勾住绳子跳上岸。”直观的图谱和朗朗上口的儿歌，将枯燥的动作要领具体化、形象化，便于幼儿理解和掌握，从而提高幼儿学习的兴趣。

三、幼儿园体育教学活动的组织与实施

组织一个体育教学活动，需要经过备课、上课和课后评价三个环节。

（一）备课

备课是组织好一个体育教学活动的关键，它包括备幼儿、备教材、备场地和器材。备课是教师对幼儿的学习程度、教材内容的适宜性和场地器材安全利用情况的深入了解，只有做好活动前的准备工作，才能做到有的放矢，保证教学活动科学、有序地开展。

1. 备幼儿

在活动前，教师需要了解本班幼儿当前的身体状况、对之前学习内容

的掌握程度以及个体差异情况，为教学目标制定、教学内容安排提供参考。

2. 备教材

教学内容的选择要遵循幼儿身体全面发展的原则，每个活动的内容选择要兼顾与前一个活动的关系，注意教学内容的系统性。

3. 备场地和器材

备场地是要求教师认真检查园内的场地，看是否存在安全隐患，如场内是否有尖锐的物体、碎屑等，是否适合本次的教学内容。此外，教师需要在活动前根据教学要求创设好场地，如起点线、终点线、圆圈等。

备器材要检查器材是否老化、是否需要清洁消毒、是否牢固等。此外，还需根据上课的人数配备相应数量的器材。

（二）上课

1. 讲解与示范

在幼儿体育教学中，教师的示范应多于讲解，且动作示范一定要准确，因为幼儿的思维具有具体、形象、直观等特点，他们对专业讲解语言的理解能力比较弱，但模仿性强。此外，还可借助直观的图谱或小视频进行讲解。

教师的讲解要精练、突出重点，用幼儿能听懂的语言解说。比如，前滚翻的教学重点是在滚翻前学会低头，教师可让幼儿在滚翻时看自己的肚脐眼，这样幼儿就能较快地掌握动作要领。

在体育教学活动中学习新的内容时，教师要先示范、讲解，再安排幼儿练习，并对幼儿的动作进行观察、指导和纠正。如果是复习旧的内容，教师可减少讲解，有针对性地对幼儿普遍存在的问题做重点讲解并示范。这里要强调的是，除了必要的示范外，教师要十分注重情境的创设和过程的引导，使幼儿能在教师预设的情境中自主地进行探索和思考。教学中，不同的学习内容要采用不同的教学方法。如中班活动《压路机》要创设修建马路的情境，让幼儿扮演压路机，可先让幼儿自主探索如何压马路（侧滚翻），再请个别动标作准的幼儿进行表演，达到个别示范、同伴学习的效果，从而在轻松愉快的情境下掌握侧滚翻的动作要领。又如大班活动《炒黄豆》，教师直接提出“请两名幼儿由正面相对翻转成背对背，且过程中牵住的手不能松开，你们试试谁能成功”，先由幼儿自主尝试练习，再请成功翻转的幼儿个别示范，教师配合口诀“一抬、二看、三转”，梳理动作要领。

2. 运动强度和密度的安排

体育教学活动中运动量的大小直接影响幼儿的身体发育。如果运动量过小，对幼儿的身体机能起不到刺激作用，就达不到强身健体的效果；反之，则超出了幼儿的生理和心理负荷，会损害幼儿的身心健康。合理安排体育课的运动量，对增强幼儿的体质和提高教学质量有着重要作用。运动强度和密度的安排要注意以下几点：

第一，体育教学活动中运动量的安排应根据人体生理机能活动的变化规律，由小到大，再由大到小，循序渐进。

第二，教师要根据教学任务、教学内容和幼儿的具体情况等因素来安排活动的运动强度和运动密度。如组织运动强度大的活动，则应当相应减小运动密度；反之，则可以相应增加运动密度。例如，某个活动的教学目标是发展幼儿的跑跳能力，运动强度比较大，这就需要用平衡练习或投掷游戏来降低运动的强度，动静交替。此外，因幼儿年龄小，体育教学活动中应适当降低强度，提高密度。

第三，教师应灵活调节活动中的运动量，调节的方法有改变练习的内容（多或少）、练习的次数（增加或减少）、练习的时间（延长或缩短）、练习之间的间隔时间（延长或缩短）等。教师还应根据当地的气温，灵活掌握活动中的运动量。

3. 常规的建立

体育教学活动中常规的建立可以反映在下面两点中：

第一，幼儿在体育活动中能遵守游戏规则，按指令有秩序地进行体育活动。

第二，在体育活动中，幼儿能在指定的地方取放体育器材。

教师在上课时，也应注意以下几条常规：

第一，教师在每次上课前，要检查幼儿的衣装、鞋、书包等中是否有尖锐物体，女生头上是否有发夹。

第二，教师在活动中应适时表扬、鼓励幼儿，且须注重幼儿的个体差异。

第三，组织体育教学时，教师要精神饱满、情绪高涨，以带动幼儿积极参与活动。

（三）课后评价

每次教学活动后，教师要及时反思、总结教学经验和不足，以提高教学水平。幼儿园体育教学的课后评价可参考表 4–1。

表 4-1 幼儿园体育教学活动评价表

<table>
<tr><td>时　　间</td><td colspan="2"></td><td colspan="2">班　　级</td><td colspan="3"></td><td>执　　教</td><td colspan="2"></td></tr>
<tr><td>活动名称</td><td colspan="7"></td><td>活动类型</td><td colspan="2"></td></tr>
<tr><td rowspan="2">评价指标</td><td colspan="7" rowspan="2">评价标准</td><td colspan="4">评价结果</td></tr>
<tr><td>优</td><td>良</td><td>中</td><td>差</td></tr>
<tr><td>内容选择
（2分）</td><td colspan="7">1.符合幼儿的兴趣与年龄特点。
2.符合幼儿身心发展规律和幼儿发展的实际需要，且明确、具体、安全、可操作性强。</td><td></td><td></td><td></td><td></td></tr>
<tr><td>教学目标
（2分）</td><td colspan="7">1.符合幼儿身心发展规律、年龄特点和现有水平。
2.能全面考虑幼儿的认知、动作和技能、情感和态度等方面。
3.关注孩子的身心能力差异，有助于幼儿从原有水平向更高水平发展。
4.注重挖掘活动内容的多种教育价值，体现活动功能的综合性。</td><td></td><td></td><td></td><td></td></tr>
<tr><td>教学准备
（2分）</td><td colspan="7">1.材料准备充分有效，利用率高。
2.场地设置安全合理，适合幼儿，适合教学。</td><td></td><td></td><td></td><td></td></tr>
<tr><td>教学策略
（2分）</td><td colspan="7">1.精心组织，容量恰当，梯度合理。
2.策略和方法选择适当，创设的情境能激发幼儿参与体育活动的兴趣。
3.环节合理，教学方式紧凑。
4.自主学习、集体练习、探究学习运用恰当，效果好。
5.教学手段符合实际，且适时、适量、适度、有效。
6.能给予幼儿丰富的趣味游戏体验，满足不同年龄段孩子的身心需要。</td><td></td><td></td><td></td><td></td></tr>
<tr><td>教学效果
（2分）</td><td colspan="7">1.教学目标有效达成。
2.教学气氛和谐，幼儿主动参与，情绪饱满。
3.交往积极，调控有效。</td><td></td><td></td><td></td><td></td></tr>
<tr><td>综合得分</td><td colspan="7">优（9—10分）、良（7.5—9分）、中（6—7.5分）、差（6分以下）。</td><td></td><td></td><td></td><td></td></tr>
<tr><td>活动的亮点、不足及建议</td><td colspan="11"></td></tr>
<tr><td>简要记录对个别幼儿的观察或访谈</td><td colspan="11"></td></tr>
<tr><td>简要记录执教者的自我反思</td><td colspan="11"></td></tr>
</table>

四、活动案例

（一）小班

案例一：小乌龟护蛋行动

【活动目标】

1. 能手膝着地爬行，提高四肢动作协调性，锻炼肌肉力量。

2. 喜欢参加体育活动，体验游戏带来的乐趣。

【活动准备】

1. 经验准备

幼儿在活动前对小乌龟的生活习性和爬行特点有所了解。

2. 材料准备

热身音乐《小小乌龟》、放松音乐《童话梦想家》、地垫若干、乌龟口袋21个、海洋球若干、大篮筐5个、小篮筐1个、独木桥2个、拱门6个、海绵垫15块、铃鼓1个、狐狸头饰1个、安全屋2座。

3. 环境创设

场地布置如下图：

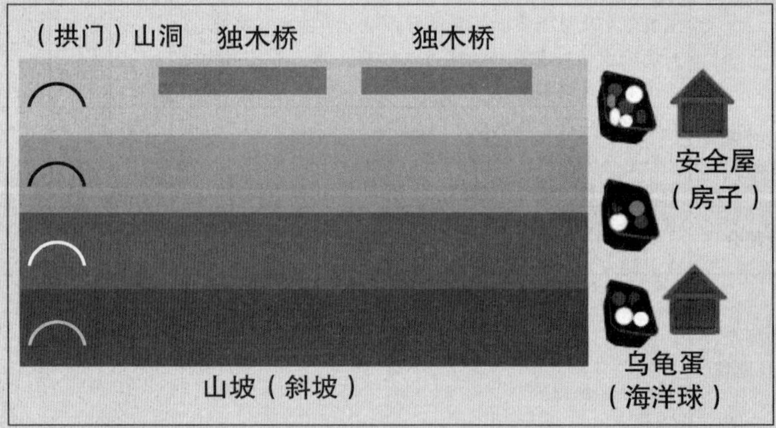

【活动过程】

一、开始部分

教师带领幼儿跟随音乐《小小乌龟》做伸伸手、跳一跳等动作，重点活动手臂和膝关节。

二、基本部分

（一）通过提问，引导幼儿探索爬行的方法。

1. 提问：小乌龟是怎么爬的？

2. 小结：手膝着地爬动作要领。手膝着地，头稍抬起，眼向前看，左（右）手和右（左）膝协调配合用力向前爬行。

设计思路：教师通过启发性提问，引发幼儿思考，了解爬行的多种方法。

（二）创设“小乌龟护蛋行动”的游戏情境，练习手膝着地爬。

1. 小乌龟自主探索护蛋爬行的好方法。

2. 结合儿歌练习手膝着地爬。

动作要领：小乌龟，真可爱，膝盖小手要碰地；抬起头，看前方，比比看谁爬得快。

3. 听铃鼓声练快爬、慢爬。

4. 游戏“小乌龟护蛋行动”，巩固手膝着地爬。

（1）游戏规则：小乌龟运蛋在垫子上爬行，当狐狸出现时，小乌龟把头和四肢缩起来，不让狐狸发现。

（2）游戏目的：练习手膝着地爬行。

设计思路：教师能围绕教学目标，创设有助于幼儿学习的游戏环境，为教学活动的开展提供有效支持，使幼儿在愉快、轻松的游戏情境中得到锻炼。

（三）增设障碍物，创设“小乌龟将蛋宝宝运到安全屋”的游戏情境，练习手膝着地爬过障碍物。

动作要领：上坡时，手先爬；到坡顶，转个身；下坡时，脚先爬。

设计思路：《纲要》指出：要用幼儿感兴趣的方式发展幼儿基本动作，提高幼儿动作的灵活性、协调性。该活动以“小乌龟护蛋行动”为主线，通过小乌龟角色扮演，进行自由爬→练习手膝着地爬→听指令快爬、慢爬→护蛋行动爬→过障碍向前爬和倒退爬等一系列游戏。整个活动以游戏的方式贯穿始终，将枯燥的爬行动作练习设计成游戏，让幼儿在自然轻松而富有亲情的游戏中获得爬行能力的发展。

三、结束部分

教师带领幼儿跟随音乐《童话梦想家》做捶捶腿、捏捏手臂、拍拍膝盖等动作放松身体。

活动评析

一、活动的亮点

1. 内容选择适宜。教学活动内容的设计及活动目标制定充分考虑幼儿的发展水平。

2. 环境创设恰当。能围绕教学目标，创设有助于幼儿学习的良好环境，如铺设柔软的地垫、山洞、独木桥、斜坡等，为教学活动的开展提供有效支持。

3. 环节设计合理。教学过程循序渐进，层层深入，有效促进教学目标的达成。

4. 师幼互动积极。《纲要》指出：教师是幼儿学习活动的支持者、合作者、引导者。针对小班幼儿好奇、好动、好模仿的特点，教师以“乌龟妈妈”的角色，带领“小乌龟”（幼儿）在不断变换的游戏情境中进行手膝着地爬动作练习，提高幼儿爬行的能力。在活动中，教师不仅重视动作技能的提高，还重视幼儿学习品质的培养，如护蛋行动过程中当狐狸出现时，乌龟妈妈积极鼓励小乌龟针对遇到的难题进行自我探索和尝试，充分体现幼儿学习的主体性。

二、活动的不足与建议

1. 教师的动作、语气、表情不够有张力。建议当狐狸出现时，紧张、害怕的表情可以更加丰富、夸张一些，使活动更具有故事性、游戏性。

2. 教师对个别幼儿指导不够。在“护蛋行动”中，教师对个别没有手膝着地爬的幼儿未能及时指出并纠正，对胆小、能力弱的幼儿关注不足。

案例二：小刺猬运果子

【活动目标】

1. 学习手膝着地向前爬、倒退爬。

2. 乐意参与体育活动，体验帮助他人的快乐。

【活动准备】

1. 经验准备

幼儿有爬行的经验。

2. 物质准备

刺猬衣服 20 套、鼓、山坡、音乐、篮子 3 个、果子若干。

3. 环境创设

场地布置如下页图：

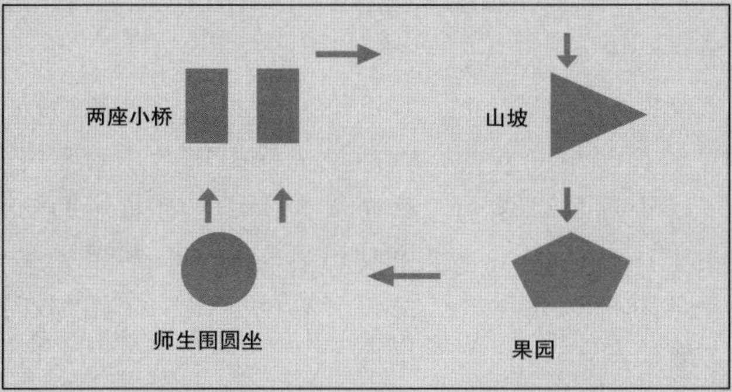

【活动过程】

一、开始部分

1. 幼儿扮演小刺猬进入场地。

2. 幼儿做热身运动。

引导语：刺猬宝贝们，今天的天气真好呀，我们一起来运动一下吧。

二、基本部分

（一）教师出示路线图并讲解

引导语：冬天就要来了，我们该准备点粮食过冬了，在小山坡的另一头，果园里的果实又大又甜，我们去运一些回来吧。

（二）幼儿学习手膝着地向前爬、倒退爬

1. 教师示范动作要领。

2. 幼儿练习。

要求：小手撑地面，膝盖碰碰地，手脚交替用力爬。

（三）游戏“小刺猬运果子”

1. 教师讲解要求，师生共同游戏。（进行两次）

引导语：现在我们去果园找果子吧。

2. 教师小结。

设计思路：小班幼儿活泼好动，注意力分散，通过幼儿感兴趣的角色扮演方式，让幼儿在趣味的游戏情境中进行手膝着地向前爬、倒退爬的动作练习，获得爬行能力的发展。

三、结束部分

1. 教师组织幼儿跟随音乐做放松运动。

2. 教师以刺猬妈妈的口吻总结游戏的情况，肯定幼儿的表现。

活动评析

一、活动的亮点

1. 关注幼儿的年龄特点。对于小班幼儿来说单纯的动作技能练习无法激发幼儿的学习兴趣，教师能关注小班幼儿的年龄特点，在活动中设计“小刺猬运果子”故事教学情境，将枯燥的动作练习融入情境教学中，激发幼儿积极主动的参与意识。刺猬宝宝们无论是跟刺猬妈妈学本领，还是自己练习，再到实战，始终都在愉悦的氛围里进行身体锻炼。

2. 贴近幼儿的“最近发展区”。活动目标的制定、内容的选择都略高于小班幼儿的爬行水平，教师借助“小刺猬运果子”的情节，生动的角色扮演，有效地将整个活动的游戏情境串联起来。活动中，教师采取示范的方法帮助幼儿理解倒退爬的动作要领，并通过两次游戏，使幼儿较好地掌握动作技能并完成预定的教学目标。

3. 关注幼儿个体差异。幼儿年龄越小，运动技能差异越大，能力较弱的幼儿会在体育活动中表现出胆怯、不自信，在活动中，教师始终以引导者的身份引导幼儿游戏，能及时关注幼儿个体差异。

二、活动的不足与建议

1. 教师应该以幼儿为主体，当幼儿遇到困难时，教师应更多地启发幼儿思考和交流，注重幼儿学习能力的培养。

2. 在运果子的过程中建议增加如“遇到打雷下雨、遇到狐狸”等一系列紧张有趣的故事情节设计，让孩子们针对运果子过程中可能遇到的难题进行自我探索和尝试。

案例三：大海里的鱼

【活动目标】

1. 能按指令四散跑，奔跑时不碰撞障碍物并能及时躲避他人。
2. 体验与同伴一起游戏的乐趣。

【活动准备】

1. 经验准备

认识大海里的鱼。

2. 材料准备

桌子、渔网、渔夫帽、桌布、凳子、跨栏、标志杆。

3. 环境创设

场地布置如下图：

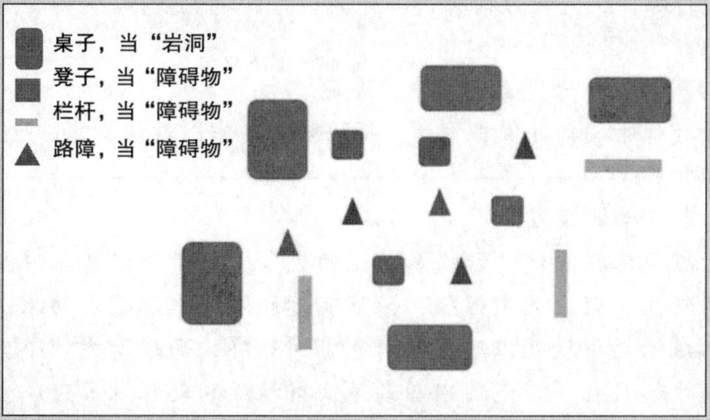

【活动过程】

一、开始部分

教师扮演鱼妈妈，幼儿扮演小鱼，随音乐做小鱼水中游的动作。

二、基本部分

（一）练习按指令四散跑

1. 教师讲解游戏玩法

（1）玩法

音乐响起时，小鱼们四散游动；当音乐停下时，小鱼们可以躲进岩洞。

（2）规则

小鱼们在四散跑的时候要躲避其他的小鱼，不碰撞别人。

2. 游戏“小鱼和渔夫”

（1）第一次游戏

小结：小鱼们在四散跑的时候都学会了躲避其他的小鱼，不碰撞到别人。

（2）第二次游戏

小结：你们在四散跑的过程中都没有碰撞到其他的小鱼，还能及时、灵活地躲避。

（二）增设障碍，练习按指令四散跑

1. 幼儿尝试躲避障碍物四散跑

要求：除了躲避小鱼，还要躲避障碍物。

2. 游戏“小鱼和渔夫”

小结：小鱼们都游得好开心，你们在四散跑的过程中不仅能安全地通过障碍，还能及时躲避其他的小鱼，表现很棒。

三、结束部分

1. 教师小结幼儿在活动中的表现。

2. 教师带领幼儿做捏捏腿、捶捶腿的动作以放松身体。

活动评析

一、活动的亮点

1. 陈鹤琴提出：“游戏是幼儿的生命。”对于以具体形象思维为主的幼儿来说，故事性强、情节有趣的游戏更能激发幼儿活动的兴趣。该活动中幼儿以小鱼的角色贯穿始终，通过游戏“小鱼和渔夫”引导幼儿在一定范围内四散跑，把枯燥的动作练习变成生动有趣的角色模仿。一系列游戏情境的创设，充分调动了幼儿的积极性，激发了幼儿的学习欲望。

2. 该活动重难点把握准确，结构合理，采用有效的教学手段，引导自主探究、合作交流。

3. 教学环节清晰，衔接自然紧凑，教学效果好。

4. 师生关系民主和谐，教师仪态自然、大方，能面向全体、关注个别，充分发挥了幼儿学习的主体性。

二、活动的不足及建议

1. 热身环节幼儿的表现意识和互动参与有待提高，教师的引导语存在一定的不足。建议教师通过语言、肢体动作营造更为轻松欢快的活动环境。

2. 增设障碍，练习按指令四散跑的环节，可再次进行游戏，以巩固、提高幼儿的游戏经验。

案例四：送小动物回家

【活动目标】

1. 尝试在高低不同的道路上行走，发展平衡能力。

2. 与同伴合作，具有初步的合作意识。

【活动准备】

毛绒小动物、篮筐各若干。

【活动过程】

一、开始部分

教师随音乐带领幼儿做热身动作，练习头、手、脚等身体部位。

二、基本部分

（一）导入活动“送小动物回家”

引导语：小动物遇到困难回不了家，你们愿意送小动物回家吗？

（二）“走一走”尝试过马路

1.引导语：为了能够更安全地送小动物回家，我们要先来试着走一走。

2.提问：刚才在通过时候有遇到什么困难吗？

3.小结：要伸展双手，保持身体平衡，眼睛向前看，双脚一前一后交替大胆向前走，前后小朋友要保持距离。

（三）游戏“大风来了”

1.引导语：如果送小动物回家途中遇到大狂风，小朋友要迅速蹲下，保护好自己和小动物。

2.提问：你们安全送小动物回家了吗？

3.小结：小朋友刚才走得很平稳，保持身体平衡，通过得非常顺利。

（四）游戏“给小动物送礼物”

1.引导语：我们还有礼物要送给小动物，小朋友两两合作将礼物送给小动物。

2.提问：你们刚才是怎样抬礼物的？

3.小结：两个小朋友要互相协作，一个在前一个在后缓慢前进。

三、结束部分

教师随乐带领幼儿做手臂、腿等放松动作。

——活动评析

一、活动的亮点

1.创设游戏情节，激发幼儿参与的兴趣。平衡能力是完成各种身体动作的前提，也是实现自我保护最基本的能力。小班身体动作技能的练习中，平衡能力的掌握是一个难点，也是练习的重点，小班幼儿年龄小，思维还处于直觉行动向具体形象过渡的阶段，他们对事物的理解往往要通过自己的亲身活动来实现。教师通过设置“送小动物回家”的游戏情节，让幼儿在轻松愉快的游戏中快乐学习，发展平衡能力。

2. 围绕目标，层层递进，关注活动中细节的把握，使孩子们在老师的引导下参与活动。活动环节从单人尝试在高低不同的道路上行走，进行平衡练习，再到大风来了，控制身体平衡性，最后到两两合作在高低不同的道路上行走，完成给小动物送礼物，教师善于调动幼儿学习的积极性，关注全体幼儿，促进幼儿平衡能力的发展。

二、活动的不足与建议

整个活动均以集体练习为主，幼儿缺少自主练习的时间和空间，对平衡动作的练习不够充分。建议在开始部分增加平衡动作练习，如组织幼儿进行单脚站立、迷迷转、大风吹不倒等，让幼儿熟练掌握平衡动作要领，为后续游戏环节的开展打下基础，同时有助于教师及时观察了解每一个幼儿的平衡能力并进行有针对性的个别指导。

案例五：小松鼠运粮食

【活动目标】

1. 能双手持棍向指定方向运球，锻炼手眼协调能力及上肢力量。

2. 喜欢参加体育运动，体验与同伴共同游戏的快乐。

【活动准备】

1. 材料准备

棒球棍、纸棍、毛粘球、报纸球各若干，大灰狼头饰一个。

2. 环境创设

场地上散放毛粘球、报纸球各若干当作食物，场地中间倒放分别贴着毛粘球、报纸球标志的两个箱子，场地对面放置一个跳圈。

场地布置如下图：

【活动过程】

一、开始部分

幼儿扮演小松鼠，跟随教师做热身操。

二、基本部分

（一）游戏一：找食物

1. 引导语：孩子们，家里没有食物了，咱们到外面找食物吧。瞧，那里有好多食物！

2. 教师介绍游戏玩法。教师扮演松鼠妈妈，幼儿扮演小松鼠。小松鼠手持自选的棍棒，把食物存到场地中间。

3. 幼儿游戏，教师个别指导。

4. 交流分享，请个别幼儿展示存食物的方法。

5. 教师小结存食物方法：双手持棍，大拇指朝外，身体微屈握棍，棍子要对准食物并将其击打到场地中间，直到把所有的食物都击打到场地中间为止。

（二）游戏二：运食物

1. 引导语：小松鼠们真棒，找到了这么多食物，我们把食物装入箱子里吧！妈妈带来了两个箱子，每个箱子都有标志，你们要看清楚箱子上的标志，把跟标志一样的食物装入箱子里。

2. 幼儿持不同的棍棒，逐一将食物击入箱内。

（三）游戏三：送食物

1. 引导语：对门的小松鼠肚子饿了，我们能送一些食物给它吗？请每只小松鼠从箱子里拿一个食物，用小棍子把它送到对面小松鼠的家。

2. 幼儿持不同的棍棒，逐一将食物击入对面的跳圈内。

三、结束部分

1. 听音乐，放松身体。

2. 幼儿和教师一起收拾、整理游戏材料。

——活动评析

一、活动的亮点

1. 活动设计注重情境性和游戏性

本次活动选择幼儿喜欢并且熟悉的小动物为载体，制造游戏情境吸引幼儿，符合小班幼儿的年龄特点，能有效提高幼儿的积极性和参与度。

2. 游戏的设计体现了直观性和差异性

小班幼儿以形象思维为主，教师布置的场地简洁、具体、形象，有助于幼儿对游戏玩法的理解和掌握。材料的准备体现差异性，如，不同的球、棍子在材质、大小、粗细和长短上均有差别，让幼儿有

不同的选择，能满足不同发展水平幼儿的需要，使全体幼儿都能够完成学习和游戏，能充分体验运送食物成功的快乐。

二、活动的不足与建议

1. 双手持棍向指定方向击打球是本次活动的重难点，但教师观察和指导不够，在游戏的每一个环节教师应给予更多关注，并进行个别指导，让幼儿进行充分的练习后再实践。

2. 纸箱和跳圈的数量不足，存在消极等待的问题，可多设几个纸箱和跳圈。

（二）中班

案例一：压路机

【活动目标】

1. 能够侧身翻滚过凹凸不平的道路，提高动作协调性。

2. 积极参加体育活动，体验合作带来的乐趣。

【活动准备】

1. 经验准备

认识压路机，有在平坦垫子上进行侧滚翻的经验。

2. 材料准备

体操垫若干、收纳框3个、“超级压路机”变身步骤图、音乐、哨子。

3. 场地布置

紫、绿、蓝三种不同颜色的垫子，垫子下分别放置沙包、布飞碟、圆柱体积木等，铺成凹凸不平的道路。场地布置如下图：

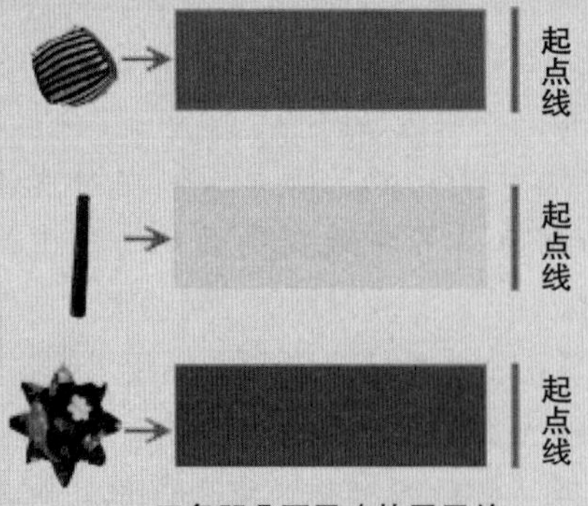

三条凹凸不平（垫子里放置不同材料）的“道路”

自由练习场地

【活动过程】

一、开始部分

教师带领幼儿随音乐做伸展、摆跨、转圈等动作进行热身。

二、基本活动

（一）练习本领（平坦垫上侧身滚翻）

1. 提问：压路机是怎么工作的？谁能用身体学压路机翻滚的样子呢？

2. 练习：幼儿自由结伴在垫子上练习侧滚翻。教师巡视，引导幼儿身体伸直，手臂上举并拢，肩膀用力带动身体翻滚。

（二）道路救援（凹凸垫上侧身滚翻）

1. 引导语：刚才动物小镇打来请求支援电话，原来它们小镇紫、绿、蓝三条道路出现不同的破损，都变得凹凸不平，需要我们压路机去帮忙把道路滚平。

2. 游戏：幼儿自主选择在凹凸不平的道路上进行侧身滚翻，引导幼儿翻滚时感受不同的路面。进行两轮游戏。

3. 讨论：说说不同颜色的道路滚过去有什么不一样的感觉？有难度的道路用什么办法翻滚过去？

（三）变身超级压路机（两两合作侧身翻滚）

1. 引导语：小镇的路滚平了吗？看来小压路机的力气不够大，需要两部压路机合体变身成超级压路机才能把道路滚平。

2. 幼儿两两结伴，尝试在平坦垫子上合作变身超级压路机，进行侧身滚翻。进行两轮游戏。

方法：幼儿两两坐下，面对面互相用手臂抱紧同伴背部，双腿伸直一同躺下，两人同时向同一方向进行侧身翻滚。

3. 讲解：结合图片讲解成功变身超级压路机的步骤。

4. 讨论：变身超级压路机时出现什么问题？

三、结束部分

1. 教师：工作了一天，小压路机辛苦了，我们先放松、休息，明天再去小镇帮忙把路滚平吧！

2. 幼儿在乐曲声中放松头颈、上肢、腰部、下肢等部位。

3. 师生一起收拾、整理器械。

【活动延伸】

幼儿两两合作变身超级压路机在凹凸不平的道路上进行侧身翻滚。

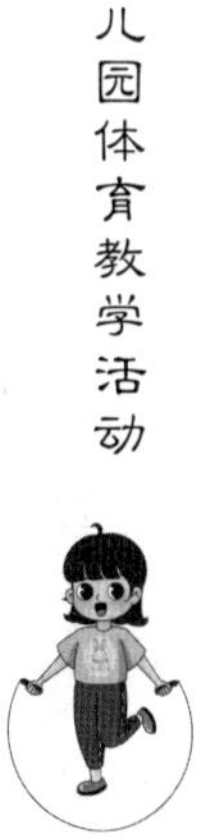

——活动评析

一、活动的亮点

1. 趣味性

游戏是幼儿最喜欢的活动方式。该活动以游戏的形式贯穿始终，通过让幼儿扮演压路机围绕“本领练习——道路救援——变身超级压路机”三个故事情节展开，让幼儿在轻松、有趣的游戏情境中进行翻滚动作技能练习，从单人练习翻滚到与同伴两两合作翻滚，游戏趣味性强，充分调动了幼儿参与的积极性和主动性。

2. 层次性

投放的材料具有多样性和层次性，有助于幼儿充分体验和感受。第一环节——本领练习，教师准备了三条平路供小压路机自主选择，进行练习。第二环节——道路救援，教师准备了紫、绿、蓝三种颜色的垫子，铺成凹凸不平的道路。三条道路的障碍物让幼儿翻滚时身体既感受到不同难度，也有不一样的体验。游戏时，小压路机们对翻滚不同的路面产生了兴趣，他们在“工作”中发现了软的路面好滚，硬的路面需要更大的力气才能翻滚过去，让幼儿游戏时充满兴趣，也使不同能力差异的幼儿都有成功的体验。活动设计由简到难，层层递进。

3. 合作性

在幼儿熟练掌握侧身翻滚的要领和方法的基础上，提高翻滚难度，变身超级压路机，鼓励幼儿进行两两合作自主探索侧滚翻，并尝试解决在合作中可能出现的问题和解决的方法，让幼儿体验与同伴合作的乐趣。

二、活动的不足与建议

1. 提供的垫子数量不足，建议人手一块垫子，有助于幼儿更好地进行动作练习。

2. 教师指令不够明确，导致在两两合作变身超级压路机时未能遵守游戏规则。

案例二：狡猾的狐狸在哪里

【活动目标】

1. 能听指令在一定范围内四散追逐跑，提高动作的灵敏性。

2. 体验体育游戏的乐趣。

【活动准备】

1. 材料准备

"炸弹"若干、呼啦圈 25 个、地垫两张、音乐。

2. 环境创设

场地布置如下图：

【活动过程】

一、开始部分

播放音乐，幼儿随音乐做开肩、转腰、踢腿等动作进行热身。

二、基本部分

（一）游戏一：狡猾的狐狸在哪里

1. 第一次游戏

幼儿随音乐做找狐狸的动作，当听到"狐狸会不会又钻进我们的鸡窝啦？"时，所有小朋友跑到圈内站好。

2. 第二次游戏

幼儿随音乐做找狐狸的动作，随机指定一名幼儿当狐狸抓人，其余幼儿躲避狐狸的追捕，回到鸡窝。（重复一次）

（二）游戏二：赶走狐狸

1. 第一次游戏

幼儿从安全区出发，穿过狐狸窝，并且躲避狐狸的追捕，到达炸弹库拿一个炸弹，把炸弹放到狐狸窝，回到安全区。被抓到的幼儿需要坐在狐狸窝暂停游戏。

规则：小朋友只能在线内活动，超出线外也算被捕。

2. 第二次游戏

解救队员，幼儿从安全区出发，躲避狐狸的追捕，穿过狐狸窝，到达被抓幼儿所在区域，再回到安全区。每人只能解救一名小朋友。

3. 第三次游戏

想办法解救个别同伴。

三、结束部分

1. 放松活动。

2. 组织幼儿一起收拾整理材料和场地。

——活动评析

1. 兴趣对游戏教学是非常重要的，注重实施兴趣游戏教学，选择适合幼儿兴趣的教学方法，能更好地培养幼儿大胆、自信、勇敢的个性心理品质，促进幼儿身体、心理健康成长。本次活动幼儿有浓厚的学习兴趣，注意力集中，思维活跃。

2. 教学方法科学，手段灵活多样。教师通过启发引导的方式，充分调动幼儿学习的积极性，并以游戏贯穿始终，让幼儿在游戏中快乐地学习四散追逐跑的技能。

3. 教学环节安排合理，层次清楚，过渡自然，用时得当。

案例三：老鼠笼

【活动目标】

1. 练习在大圆圈内外来回钻，锻炼平衡能力及灵敏性。

2. 能有节奏地边念儿歌边游戏，体验集体游戏的快乐。

【活动准备】

1. 经验准备

事先学会儿歌《老鼠笼》。

2. 物质准备

音乐《走和跑》和《黑猫警长》、图片3张、黑猫警长和老鼠胸牌各12个、拱门6个、呼啦圈20个、小篮子4个、大篮子1个、各种蔬菜水果若干。

3. 环境创设

场地布置如下页图：

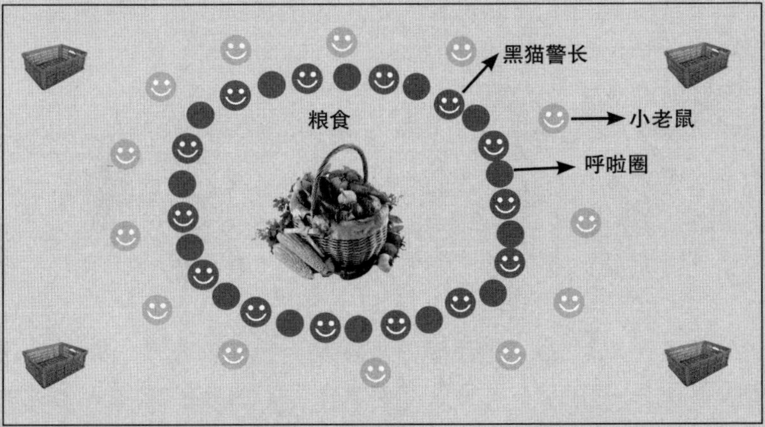

【活动过程】

一、开始部分

1. 引导语：小朋友们，今天，请大家一起跟着黑猫警长学习捉老鼠的本领，我们出发吧！

2. 教师扮演黑猫警长带领幼儿做走、跑、跳、爬等动作进行热身。

二、基本部分

（一）自由探索“老鼠笼”的玩法

引导语：黑猫警长准备了许多“老鼠笼”，请小朋友们想一想，你会怎么进入“老鼠笼”？请你们试一试，等到音乐停止的时候就要集中站好。

（二）幼儿自主练习钻“老鼠笼”

1. 集体练习钻的技能，发展幼儿平衡能力及灵敏性。

引导语：谁能来试试刚才钻进“老鼠笼”的动作？（个别展示）刚才小朋友们尝试了很多的动作，有的用钻，有的手脚着地爬，有的匍匐爬，有些小朋友在钻的时候还把“老鼠笼”撞倒了，怎样才能又快又准确地钻入“老鼠笼”呢？

2. 教师讲解钻的技能，请个别幼儿示范。

（1）正面钻：面向“老鼠笼”，屈膝下蹲，低头弯腰，紧缩身体，移动双脚进入。

（2）侧面钻：侧身对着“老鼠笼”，双手抱着，前腿先伸进去，然后低头弯腰，钻过后将重心移到前腿。

3. 幼儿集中练习钻，等到音乐停止时集中站好。

引导语：刚才在进入“老鼠笼”的时候，你有遇到什么困难吗？

4. 小结：黑猫警长发现大家刚才太拥挤了，也容易摔倒，接下来的游戏环节就要避免这样的情况。

（三）游戏“老鼠笼”

1. 引导语：黑猫警长接到一个消息，老鼠偷吃了农民伯伯的食物，我们一起帮助农民伯伯抓老鼠吧！做游戏之前，请大家跟我一起念儿歌《老鼠笼》，还记得吗？

2. 复习儿歌：老鼠老鼠坏东西，偷吃粮食偷吃米，我们搭个老鼠笼，“咔嚓”一声捉住你。

3. 讲解游戏玩法，进行第一次游戏。扮演黑猫警长的幼儿手拉着呼啦圈围成一个大圆圈当作“老鼠笼”，扮演小老鼠的幼儿站在圈外。游戏开始，黑猫警长们念儿歌，老鼠钻入老鼠笼内偷食物，钻出后把食物放在篮子里，一次只能偷一种食物。当念到“咔嚓”时，黑猫警长们立即站起，在圈内的老鼠们就算被捉住。被捉住的老鼠就加入大圆圈围“老鼠笼”，游戏继续进行，直至老鼠都被抓住。

规则：老鼠要不停地钻进钻出“老鼠笼”，当念到“咔嚓”时，老鼠就不能再钻出来。

4. 第二次游戏。

引导语：哇，黑猫警长们太厉害了，把所有的老鼠都抓到了，接下来，请你找一个好朋友互换角色，我们再玩一次。

三、结束部分

1. 放松活动。农民伯伯谢谢小朋友们帮助他们抓住了老鼠。

引导语：今天你们都太能干了。接下来，请小朋友跟着黑猫警长做深呼吸，调整气息，同伴之间互相捶捶背吧！

2. 收拾整理材料和场地。

【活动延伸】

扩展玩法：游戏开始时，围“老鼠笼”的幼儿念儿歌边朝一个方向移动，扮演老鼠的幼儿钻进钻出。

活动评析

一、活动的亮点

1. 游戏是幼儿最喜欢的活动。该活动以黑猫警长抓老鼠的游戏贯穿始终，活动中教师把自主权交给孩子，让他们自由选择角色，然后再进行交换，充分调动幼儿参与活动的兴趣。

2. 游戏中孩子们能够根据自己的角色选择躲闪和追逐，尤其是猫捉到老鼠的兴奋感、自豪感和老鼠被猫捉到的失落感、挫败感，孩子们都表现得很真实。

二、活动的不足及建议

在游戏前，教师可以以互动的形式让孩子明确游戏规则，以便孩子更好地游戏。

案例四：拾蛋

【活动目标】

1.能听信号取物快速跑,知道跑的过程中要注意安全,避免碰撞。

2.与同伴合作游戏，体验游戏的乐趣。

【活动准备】

1.材料准备

轮胎4个，鸡妈妈图片4张，老鹰图片4张，鸡蛋（泡沫球代替）若干、红绿彩旗各1面。

2.环境创设

场地上用即时贴圈出小鸡的家，设置4个鸡妈妈的家，四个老鹰据点，距离幼儿的距离10米左右。场地布置如下图：

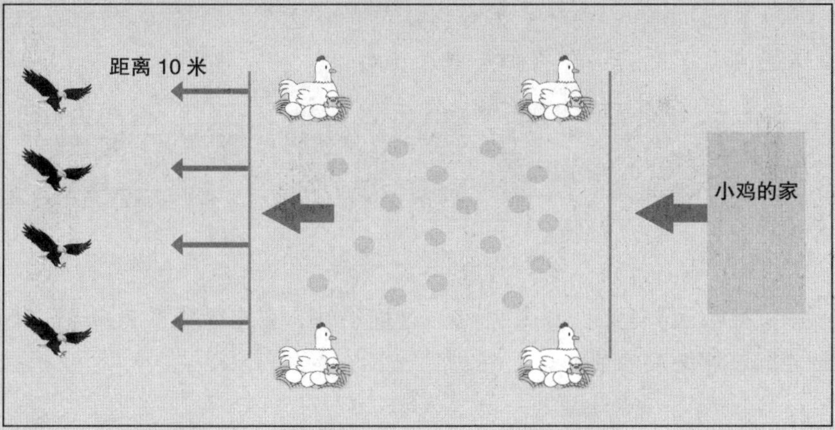

【活动过程】

一、开始部分

1.引导语：我是鸡妈妈，你们是鸡宝宝，今天天气真好，我们一起活动活动吧。

2.教师带领幼儿做头部、肩部、腿部等动作进行热身。

二、基本部分

（一）学习听信号快速跑

1. 引导语：活动完了，肚子有点饿，我们出去捉虫吧，外面很危险，如果听到老鹰的声音，我们要回家躲避。

2. 讨论：刚才大家是怎么到圈里的？

3. 小结：大家用的方法都很好，尤其是这个快速跑，我们的身体可以稍微往前倾一点，手臂摆起来，脚抬起来，我相信老鹰绝对是抓不到我们的。

（二）游戏“红灯停，绿灯行”

1. 引导语：躲避了凶狠的老鹰，我要带你们去农场逛逛，路上会有很多红绿灯，我们在听到“红灯”时候要停，听到“绿灯”时候要快快跑，不然天黑都到不了农场的。

2. 游戏玩法：听到“绿灯”时，大家快速往前跑；听到“红灯”时，大家马上停。

3. 幼儿游戏，教师观察。

4. 小结：你们太棒了，都学会了听信号快速跑。

（三）幼儿多元游戏

1. 游戏“送蛋宝宝回家”

（1）引导语：哎呀，为什么路上会有这么多的蛋宝宝？鸡妈妈该着急死了，我们一起将蛋宝宝送回去吧。

（2）游戏玩法：幼儿在起点处一起喊口令“保护小鸡，全军出击”后，大家往前跑，捡起一个鸡蛋，送到鸡妈妈那里，送完之后回到起点。

规则：念完口号后，大家才可以跑；一次只能拿一个鸡蛋；注意保护自已，避免碰撞。

（3）幼儿游戏，教师观察。

（4）小结：我发现大家跑的速度很快，蛋宝宝很快就回到鸡妈妈那儿，谢谢鸡宝宝们。

2. 游戏“拯救蛋宝宝”（第一次）

（1）引导语：总算到农场了，农场阿姨告诉我一个不好的消息，好多蛋宝宝被老鹰叼走了，我们一起去将蛋宝宝拯救回来，为了能更快速地将蛋宝宝救回来，我要将你们分成4组，每组面向一个老鹰据点。

（2）游戏玩法：一起念口号“保护小鸡，全军出击”后，每组第一个小朋友快速跑向老鹰的据点，拿一个鸡蛋往回跑，等前面一个幼儿回来后，下一个幼儿出发，以此类推。

规则：大家必须等念完口号后才开始跑；一次拿一个；跑的过程中要快速，避让他人。

（3）幼儿游戏，教师观察。

（4）小结：大家要注意听信号，跑的时候手臂摆起来，身体前倾一点可以让我们的速度加快，要保护自己，避让他人。

3. 游戏“拯救蛋宝宝”（第二次）

（1）引导语：哎呀，我发现还有一些蛋宝宝没有被救回来，我们趁着老鹰在睡觉，以更快的速度拯救蛋宝宝。

（2）小结：感谢鸡宝宝们，现在蛋宝宝都成功地从老鹰那拯救回来。你们都很棒，学会了听信号取物快速跑，学会保护自己，避让他人。

三、结束部分

放松身体，活动自然结束。

引导语：你们也累了吧，跑了这么久，让我们跟着音乐放松一下吧。

——活动评析

一、活动的亮点

1. 快速跑是幼儿发展身体移动能力的重要内容，结合《指南》中健康领域动作发展目标，教师设定了技能目标(能听取信号快速跑，知道跑的过程中要注意安全，避免碰撞）和情感目标（与同伴合作游戏，体验游戏的乐趣），目标的准确定位为教育活动起着导向作用。

2.《纲要》中指出应建立良好的师生关系、同伴关系，多开展有趣的体育活动，培养幼儿积极参加体育锻炼的积极性。活动中老师和幼儿分别以鸡妈妈、鸡宝宝贯穿活动始终，让幼儿形成了安全感、信赖感。

3. 在动作发展上，教师采用层层递进、由浅入深的方法激发幼儿的兴趣，体验游戏的快乐。根据中班幼儿年龄特点及实际情况，整个活动分为三个阶段：第一阶段，通过角色扮演，激发幼儿参与活动的兴趣，为后续活动打下基础，引发幼儿学习的欲望；第二阶段，结合生活中散步的场景，通过红、绿小旗以及相应的口号，让幼儿探索听信号快速跑，贴近幼儿的生活，幼儿能较快掌握如何听信号快速跑；第三阶段，结合情景，教师利用游戏“送蛋宝宝回家”“拯救蛋宝宝”使幼儿参与活动的积极性高，提高了幼儿动作的协调性

与灵活性。活动中让幼儿先自主探索哪种方法跑得更快，幼儿得出结果后再进行“拯救蛋宝宝”游戏。以多种形式开展游戏，从个人到小组，由易到难，具有一定的挑战性。整个活动不仅巩固了幼儿已有经验，增强了身体移动能力，幼儿也积极主动地参与活动，体验到游戏的快乐。

4. 在游戏中，教师为每个幼儿提供平等参与的机会，注重与幼儿交流，语言提示简洁、亲切自然，吸引幼儿积极投入活动中，表现出自主探索、挑战自我的精神。

二、活动的不足及建议

1. 可将多个身体移动动作进行组合，设计更有挑战性的动作。

2. 教学中教师语言不够简练，可通过启发性提问让孩子自主表述，教师再进行引导。

案例五：小兔历险记

【活动目标】

1. 能双脚行进跳和四散躲闪跑，提高动作灵敏性。

2. 乐于参加体育活动，体验活动的乐趣。

【活动准备】

1. 材料准备

红、黄、蓝、绿运动背心，胡萝卜，沙包，呼啦圈，灰太狼头饰，狼堡。

2. 环境创设

场地布置如下图：

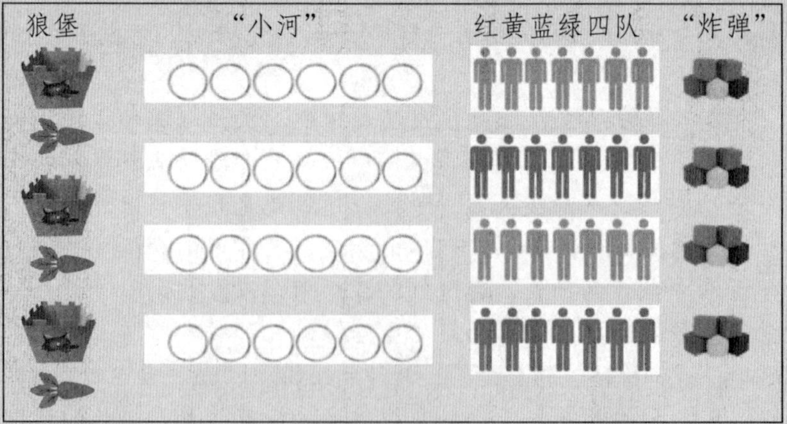

【活动过程】

一、开始部分

1.引导语：今天我来当兔妈妈，请你们来当兔宝宝，天气真好，我们一起来活动活动吧！

2.师生共同跳《小白兔》运动操进行热身。

二、基本部分

（一）游戏“小兔躲山洞”

1.幼儿自主探索双脚行进跳。

2.教师讲解示范动作要领。

3.幼儿练习双脚行进跳。

4.进行游戏，练习双脚行进跳及四散躲闪跑。

（1）玩法：小兔念儿歌“小白兔，白又白，蹦蹦跳跳真可爱，来到草地找食物，老狼来了快快跑”，当念到“快快跑”时，老狼去捉小兔，小兔四散躲跑到山洞。

（2）规则：小兔应边念儿歌边双脚行进跳，老狼走远时可出来继续游戏。

5.小结。

（二）游戏“狼堡取物”

1.教师讲解游戏玩法与规则。

（1）玩法：小兔双脚行进跳跳过小河，到狼堡附近取食物。

（2）规则：一只小兔出发一次只能取一份食物。

2.幼儿分组游戏。

3.增加“灰太狼”角色，幼儿再次分组比赛游戏。

规则：灰太狼和小兔只能在草地里面追跑，不能跑到草地外和河边。被灰太狼抓到的小兔先到旁边休息。

4.小结。

（三）游戏“大战狼堡”

1.教师讲解游戏玩法与规则。

（1）玩法：小兔双脚夹“炸弹”行进跳跳过小河，再拿起“炸弹”扔狼堡，灰太狼张开双手左右移动进行阻拦。最快把“炸弹”扔完的一组获胜。

（2）规则：“炸弹”掉了要捡起来重新扔。

2.幼儿分组游戏两遍。

3.小结。

三、结束部分

教师带领幼儿做放松动作，结束活动。

——活动评析

一、活动的亮点

1. 小兔是幼儿喜爱的动物之一，而模仿性学习是幼儿学习动作技能的重要方法，教师引导幼儿通过小兔角色扮演，模仿小兔双脚行进跳的动作，进行“小兔躲山洞”“狼堡取物”“大战狼堡”三个游戏环节，促进幼儿动作的发展。

2. 活动设计每个环节由简至难，层层递进，易于幼儿掌握。

二、活动的不足及建议

1. 在活动中对个别能力弱的幼儿可以进行个别指导。

2. 小兔在跑的过程中不仅要躲避大灰狼，小兔之间也要注意躲避，应加强幼儿安全防范能力的培养。

（三）大班

案例一：“炸弹”大战

【活动目标】

1. 能瞄准目标，上下肢协调并用力挥臂投掷，发展动作协调性和灵活性。

2. 体验体育活动的乐趣，乐于参加体育活动。

【活动准备】

1. 经验准备

了解解放军参加各种训练的知识经验和揉纸团的经验。

2. 材料准备

废旧报纸、雨伞、长绳、背景音乐（跑操音乐或《小海军》《快乐向前冲》等动感音乐）、红色和蓝色运动背心。

3. 环境创设

场地布置如下页图：

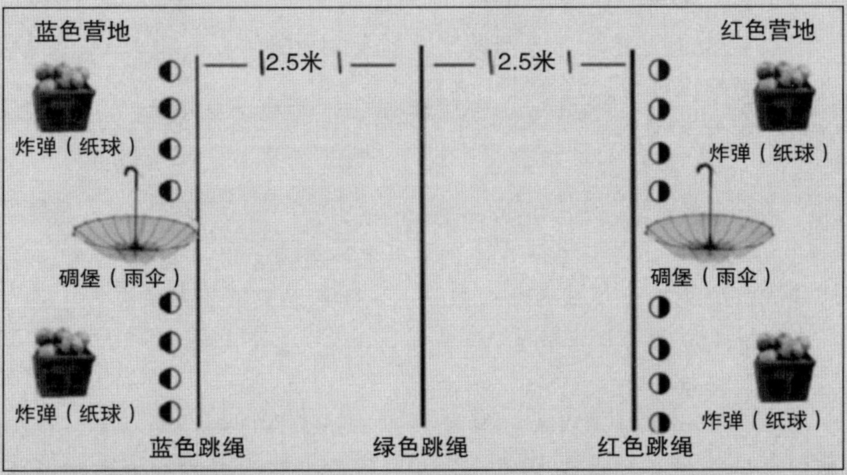

【活动过程】

一、准备部分

1. 激趣导入。教师做敬礼动作，引导幼儿说说谁会经常做这个动作。

2. 热身活动。学习小兵出操训练，绕场地慢跑与做操。

二、基本部分

（一）游戏“炸弹扔高”

1. 提出练习要求。把报纸变成炸弹，音乐响起后，用力把这个炸弹向天上扔，扔得越高越好。

2. 幼儿自主练习，教师通过语言进行指导和激励。

3. 交流分享。以教师和扔得高的小兵比赛的方式，引导幼儿观察、比较，了解“炸弹越小扔得越高”的经验。

4. 将炸弹捏紧、压小后再次练习。

（二）游戏“炸弹大战”

1. 提出练习要求。将场地划分为红、蓝队营地，互相把炸弹向对方的营地投掷，音乐停谁营地的炸弹少谁就赢了。

2. 交流分享。请个别幼儿示范正确的投掷方法，幼儿集体练习。

3. 拉大距离再次练习。

（三）游戏“炸碉堡”

1. 提出任务要求。出示两把雨伞，各放置一把在双方的营地设置为碉堡，每组另外发放两箱炸弹，进行投准练习。音乐结束，谁投进对方碉堡里的炸弹多谁就胜利。

2. 比赛结束后，清点双方碉堡里的炸弹。

（四）游戏“炸移动碉堡”

1. 提出练习要求。老师将雨伞反面朝上高举，四周移动，小兵进行扔高投准练习，注意躲闪。

2. 师幼互动练习。

3. 小结。

三、结束部分

以“小兵训练辛苦了，我们来放松一下身体”的游戏语言，引导幼儿听音乐做放松动作，组织幼儿有序收拾材料，结束活动。

——活动评析

一、活动的亮点

1. 教师指导方式得当，呈现幼儿主动学习过程。《指南》中强调“应培养幼儿积极主动的学习品质”“幼儿学习应以直接经验为基础”。因此，活动中，教师改变“教师教幼儿学”的传统教学模式，不教授和讲解炸弹制作方法和投掷方法，而是让幼儿自己想办法，如何将一张报纸变成一个炸弹，再由个别幼儿展示的方式获得启发、习得经验；教师通过与个别幼儿比赛扔高的方式，让幼儿在观察比较中发现炸弹揉得越小越紧，扔得越高。在学习投掷方法时，同样是先向幼儿抛出“个别幼儿为什么能扔得远，他的动作是怎样的，一起来学学”等问题，激发幼儿通过观察、比较、模仿的方式，在同伴示范、自主练习的过程中，不知不觉掌握了投掷的方法，并在“炸弹大战”“炸碉堡”“炸移动碉堡”等游戏情境中，投掷的经验不断得到提升。整个活动幼儿在前教师在后，呈现出幼儿主动学习的过程，培养了幼儿主动学习、积极观察的学习品质。

2. 创设趣味游戏情境，激发幼儿学习积极性。大班的幼儿已有了较强的自我意识、任务意识、集体荣誉感和自豪感。因此，结合幼儿的年龄特点，整个活动以“小兵成长记中接受各项训练任务”贯穿始终，有效激发了幼儿成长为一名合格、优秀小兵的强烈愿望。活动中通过“炸弹扔高——炸弹投远（近距离、远距离的差异）——炸弹投准（炸固定碉堡和炸移动碉堡的差异）”等层层递进训练任务的设计，使幼儿在任务的驱使下，通过教师言语的激励、同伴的示范及分组的比赛，不断接受新的挑战，不断练习，积极参与，极大地激发了活动的积极性。

3. 游戏材料简单实用，有效达成活动目标。活动中的材料只需废旧报纸、两把雨伞和三根跳绳，是幼儿园日常生活中随处可见、唾手可得的，准备简单，经济实用，易于实施，不需要教师花费任何额外的时间和精力，但通过游戏情境的创设，却有效地引发和支持了幼儿与这些材料积极有效的互动，在整个活动中，幼儿通过与这些材料的积极互动。有效达成了“能瞄准目标，上下肢协调并用力挥臂投掷，发展动作协调性和灵活性”和“体验体育活动的乐趣，乐于参加体育活动”。这也完全符合《标准》中明确提出的“教师要合理利用资源，为幼儿提供和制作适合的玩教具和学习材料，引发和支持幼儿的主动活动”，及《纲要》中所指出的“幼儿园的活动材料应有利于引发、支持幼儿的游戏和各种探索活动”。

二、活动的不足及建议

1. 个别指导不够。对个别幼儿投掷动作的纠正和遵守游戏规则的强调不够。教师应在游戏中通过及时表扬、肯定做得好的幼儿的方式，为其他幼儿树立学习的榜样。

2. 教师的语言不够精练，对幼儿参与游戏的专注度有一定的干扰。教师应放手让幼儿在自主探索、互相学习中，从而促进动作的发展。

案例二：伞兵训练营

【活动目标】

1. 能从 50 厘米左右的高处往下跳，锻炼下肢力量。

2. 学习落地的正确姿势，提高平衡能力。

3. 能与同伴一起协商布置活动场地，体验合作游戏的快乐。

【活动准备】

1. 经验准备

幼儿已了解伞兵的日常训练项目，有与同伴布置场地的经验。

2. 材料准备

高 50 厘米左右的桌子、画好黄圈的海绵地垫、椅子、高凳、长木板、轮胎、梯子、跳马箱、圈、短绳、跨栏、底板 3 份、器材图片、哨子、音乐、图谱等。

3. 环境创设

（1）训练场地

场地设置如下页图：

123

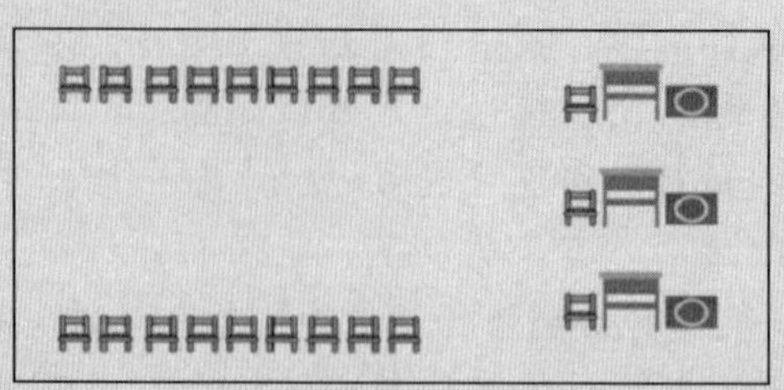

（2）游戏场地

场地设置如下页图：

【活动过程】

一、开始部分

教师扮演教官，幼儿当伞兵，跟随音乐，通过绕场跑步、椅子操做热身运动。

二、基本部分

（一）利用小椅子练习高处跳下

1. 教师讲解示范从高处跳下的动作要点。

2. 提问：我在跳下来的时候，身体是什么姿势？

3. 教师结合儿歌小结：小飞机飞得高，小伞兵来跳伞，膝盖弯弯别伸直，身体向前手伸直。

4. 引导幼儿练习高处跳下落地的正确姿势。

5. 鼓励幼儿从椅子上跳下，练习从高处跳下的落地动作。

（二）设置降落点，练习定点跳

1. 出示图片，讲解定点跳的要求。

2. 幼儿分组从高 50 厘米的桌子往下跳，教师重点指导幼儿落地要保持平衡。

3. 缩小降落点，幼儿再次练习定点跳。

（三）游戏“伞兵训练营”

1. 教师介绍材料。

2. 幼儿与同伴一起协商布置训练场地。

3. 幼儿分组游戏，继续练习走、跑、跳跃、向下跳，发展锻炼下肢力量。

4. 教师总结幼儿活动情况。

三、结束部分

1. 放松动作。

2. 整理器械，自然结束。

——活动评析

一、活动的亮点

1. 创设游戏情景，发展幼儿的动作。《指南》指出，成人要利用多种活动发展幼儿动作的协调性和灵活性。教师创设伞兵学习跳伞和伞兵分组训练的游戏情境，让幼儿练习从高处跳下的动作，提高了幼儿动作的协调性和身体的平衡能力。

2. 逐步提升活动难度，激发幼儿战胜困难的勇气。活动的环节层层递进，从20厘米的高处到50厘米的高处往下跳，从单人游戏到小组合作协商布置训练场地进行游戏，从无障碍到有障碍，每一个环节都是在前一个环节的基础上增加一定的难度，让幼儿有信心战胜困难，从而体验挑战成功和合作的快乐。

3. 引导幼儿大胆尝试，学习与同伴协商合作布置活动场地。如何更好地与同伴合作？教师放手让幼儿去尝试，与同伴协商、设计、合作布置场地再进行游戏，并观察幼儿的现有水平，适时进行有针对性的指导。在设计游戏场地中，让幼儿以小组先协商再展示设计图纸，培养幼儿的合作能力和表达能力；在分组训练中，提升幼儿的动作协调性和身体的平衡能力。

4. 体能锻炼与学习品质培养相互融合。《指南》指出，发育良好的身体、愉快的情绪、强健的体魄、协调的动作、良好的生活习惯和基本的生活能力是幼儿身心健康的重要标志。在幼儿阶段，教师应帮助他们学会健康的生活方式，促进他们精细动作以及手眼协调性等身体素质的发展。传统的体育活动一般是以身体练习为主的锻炼体能课程体系。本次活动在动作发展、锻炼体能的基础上，渗透了团队合作能力。

二、活动的不足与建议

1. 教师与幼儿的互动、交流不够投入、集中。

2. 户外场地空间大，给教师的组织带来一定的难度，对个别幼儿的关注和指导以及师幼之间的互动有待加强。

案例三：炒豆子

【活动目标】

1. 能边念儿歌边做侧身翻的动作，发展动作的灵活性和协调性。

2. 能自主探索，尝试两人游戏玩法及多人结伴游戏的方法。

3. 乐意和同伴结对玩耍，体验民间游戏所带来的乐趣。

【活动准备】

1. 知识准备

幼儿熟记儿歌：“炒黄豆，炒黄豆，炒完黄豆翻跟头！”

2. 材料准备

音乐、平整的场地等。

3. 环境创设

幼儿队形站位如下图：

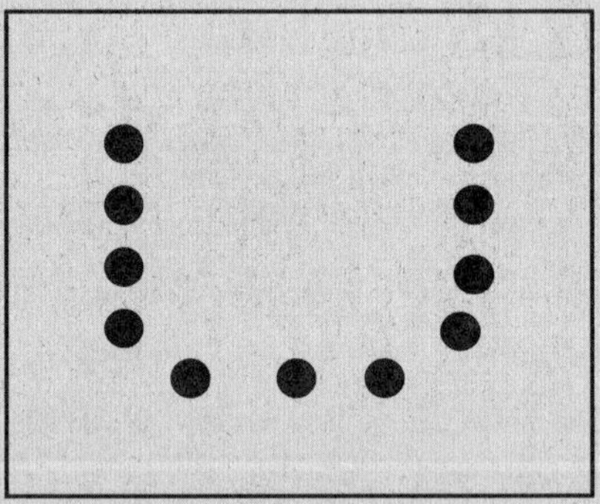

【活动过程】

一、开始部分

1. 引导语：今天，我们都来当小厨师。炒菜前，我们先热热身吧！

2. 教师带领幼儿热身。

二、基本部分

（一）引导幼儿讨论

问题：今天我们要炒豆子，豆子可以怎么炒？

（二）游戏“炒豆子”

1. 提要求，幼儿自由结伴进行游戏。

2. 交流讨论，提炼动作要领。

动作要领：两人商量好哪只手举高当山洞，念到“炒完黄豆翻跟头”时，两人同时从举高的手钻过去。

3. 尝试两两连翻。

4. 幼儿跟着音乐游戏。

引导语：你们已经会炒豆子了。现在让我们一起炒豆子吧！记住一定要边念儿歌边炒哦！

（三）尝试三人游戏

1. 幼儿三人自由结伴游戏，教师巡回观察。

引导语：我们已经学会了两个人炒豆子，现在我们来挑战三个人炒豆子。请你们去炒一炒吧。

2. 分析、提炼三人合作要领。

引导语：三个人先商量，谁来当山洞，当山洞的两个人把手举高，没有当山洞的小朋友先从山洞钻过去，再轮到当山洞的两个人同时从山洞钻过去。翻成功后，要翻转回来也是刚才没有当山洞的小朋友先退回来，再轮到当山洞的两个人同时从山洞再钻回来。

3. 幼儿三人自由结伴练习动作。

（四）尝试四人、多人游戏

1. 幼儿自由组合，尝试四人、多人游戏。

2. 请幼儿展示四人组、多人组游戏。

三、结束部分

1. 厨师太能干了，豆子都炒好了，让我们一起放松一下吧。

2. 活动延伸：我们已经成功学会了3人、4人、多人游戏，让我们回家和爸爸妈妈一起炒一炒吧！

活动评析

一、活动的亮点

1. 游戏是幼儿喜欢的活动形式，在活动中教师注重营造宽松、民主、平等、活泼的游戏氛围，以小厨师的游戏贯穿始终，将原本枯燥的动作练习，以炒豆子的游戏形式进行组织，使活动变得生动有趣。

2. 活动设计层层递进，活动从热身、引导、挑战三个游戏环节，再到最后的颁奖结束，以阶梯式螺旋上升，具有一定的趣味性和挑战性，有效促进了活动目标的达成。

3. 该活动注重幼儿合作能力的培养，从两两连翻，再到三人、四人或多人的合作，在难度递增的竞技游戏中，让幼儿体验了合作的价值和方法。

4. 教师采用分组练习，关注每个孩子的动作发展状况，辅助个别有困难的孩子，兼顾整体和个别的协调发展。

二、活动的不足与建议

1. 该活动具有一定的难度，教师可利用手环或儿歌的形式帮助幼儿掌握炒豆子的方法。

2. 教师组织语言应做到少而精，让幼儿有更多的练习空间，动作完成得更好。

案例四：快乐跳舞毯

【活动目标】

1. 能前、后、左、右变向跳，增强腿部力量。

2. 积极参与跳舞毯游戏，发展平衡能力和身体协调性。

3. 体验与同伴共同游戏的乐趣。

【活动准备】

1. 经验准备：幼儿已有立定跳远的经验以及以自我为中心区分前后左右的空间概念，熟悉《兔子舞》的音乐节奏。

2. 物质准备：音乐、跳舞毯若干，数字图谱若干。

【活动过程】

一、开始部分

教师带领幼儿跟着《兔子舞》的节奏，进行热身运动。

二、基本部分

1. 利用折叠成方块的跳舞毯，练习双脚前、后、左、右变向跳。

（1）引导幼儿观察场地上的毯子，提出练习要求。

（2）幼儿自主练习。幼儿利用毯子练习双脚前、后、左、右变向跳，教师进行巡回指导。

（3）梳理提炼动作要领。

（4）再次集体绕场练习。

2. 游戏一：快乐跳舞毯

（1）出示跳舞毯，了解跳舞毯上的基本内容。

提问：跳舞毯上有什么？有哪些数字？这些数字是怎么排列的？

（2）自主练习，熟悉跳舞毯上的数字排列。

要求：身体的朝向不变，用双脚并拢的方式从数字 1 跳到数字 8，再从数字 8 跳到数字 1。

（3）出示数字图谱，明确游戏玩法。

提问：数字图谱上有什么？这些箭号是告诉我们什么呢？

小结：要在跳舞毯上脚丫的位置站好，按照图谱上的数字顺序，在身体朝向不变的情况下，用双脚并拢跳的方式跳到相应的数字。

（4）幼儿看着数字图谱自主练习跳舞毯游戏。

（5）尝试跟着《兔子舞》音乐节奏玩跳舞毯游戏。

3. 游戏二：看谁反应快

（1）看单色单个数字做反应。

（2）看有颜色区分的单子数字作反应。

（3）分组竞赛。幼儿按跳舞毯上数字的颜色分组，根据屏幕上出现的不同颜色的多个数字图，分别做出相应的反应，错误反应的退出游戏，最后哪组剩下的人数多即获胜。

三、结束部分

1. 小结活动情况，表扬在活动中注意力集中、积极参与、遵守规则的幼儿。

2. 放松活动。

3. 共同收拾整理材料和场地。

4. 活动延伸：

（1）尝试双腿夹物进行跳舞毯游戏。

（2）尝试单脚跳进行跳舞毯游戏。

（3）尝试结合创编节奏，跟着音乐节奏进行跳舞毯游戏。

活动评析

一、活动亮点

1. 运动负荷科学适宜，促进身心健康发展

负荷量的大小直接影响幼儿身体的发育与发展，影响幼儿体育活动的成效。若运动负荷过小或停留在同一水平上，锻炼的价值就小；若运动负荷增加过猛、过快，运动的刺激超出了幼儿身体所能承受的限度和范围，不仅不能增强体质，反而有损幼儿身体正常的发育，有害健康，降低幼儿对体育活动的兴趣，有时甚至会发生运动安全事故。只有适宜的活动量，才能有效地增强幼儿身体器官、系统的适应性，提高幼儿机体的功能，促进幼儿的生长发育和身心健康。

本活动在设计时对各项因素进行了充分的考量，如跳舞毯尺寸的大小、图谱设计中数字的衔接（前后左右跳中跨度的差异）、活动材料的提供等细节方面，均贯彻了适宜性的原则。

运动负荷主要受运动强度、运动时间和运动密度的影响。运动

强度一般选用观察法判断，如通过观察幼儿的脸色、出汗量、呼吸、动作完成的质量、注意力和情绪等方面来判断运动量是否合理。运动时间，大班一次活动总时间不宜超过30—35分钟。运动密度一般在60%—70%，运动强度大的活动，运动密度就应相对降低。本活动跳跃的运动强度相对较大，可通过后面不同颜色数字的设计让不同组别的幼儿能轮流达到休息的目的。

2. 活动形式灵活多样，持续激发运动兴趣

活动中将自主练习、个别示范、分组竞赛、集体练习等多种活动形式有机结合，丰富幼儿的运动感受与体验。游戏设计层层递进，从无颜色区分的单个数字到有颜色区分的单个数字再到有颜色区分的多个数字，不断向幼儿提出挑战，能激发幼儿持续参与游戏的兴趣，提高幼儿的反应能力。

3. 游戏材料简单实用，有效达成活动目标

运动材料实用，本次活动只为每个幼儿准备了一张跳舞毯，具有准备简单、易于操作、灵巧可变的特点，不需要教师花费太多额外的时间和精力，但通过对材料的改变，却有效地引发和支持了幼儿与材料的有效互动。在准备部分为幼儿的绕场热身创设了S型线路，在基本部分折叠成方块的小毯子则成为幼儿自主练习、个别展示、坐着间歇和观察同伴、教师示范的有效道具，展开后的跳舞毯则成为幼儿巩固变向跳的趣味学具，结束部分又成为幼儿坐着放松的地垫。一物多用，一物多玩。幼儿通过与这些材料的积极互动，有效达成了目标。这也完全符合《幼儿教师专业标准》中提出的“教师要合理利用资源，为幼儿提供和制作适合的玩教具和学习材料，引发和支持幼儿的主动活动”，及《纲要》中所指出的“幼儿园的活动材料应有利于引发、支持幼儿的游戏和各种探索活动”。

二、活动不足

1. 关注个体差异不足。

2. 作为跳跃时背景音乐的《兔子舞》节奏太快。

案例五：奔跑吧，兄弟

【活动目标】

1. 学习转身跑、躲闪跑，提高身体动作的连贯性与敏捷性。

2. 能遵守游戏规则，增强自我保护意识，体验集体游戏的乐趣。

【活动准备】

1. 经验准备：已有接力规则的经验。

2. 材料准备：音乐《奔跑吧，兄弟》《超级英雄》，红、蓝背心 1—10 号，1 个书架，3 张任务卡，3 面小红旗，2 个大滚筒，2 支鼓槌。

3. 在操场上画一些线。

【活动过程】

一、开始部分

听《奔跑吧，兄弟》音乐做动作进场。

引导语：各位小队员们，今天我们要去挑战新任务，你们准备好了吗？奔跑吧，兄弟！

二、基本部分

1. 游戏“摸摸东西跑回来”。结合图示，学习起跑规则。

2. 练习转身跑。

（1）小小队员爱运动，摸摸绿线跑回来。

（2）红队队员爱运动，摸摸黄线跑回来。

（3）蓝队队员爱运动，摸摸黄线跑回来。

3. 练习多人转身跑。

（1）提问：你为什么跑得这么快？

（2）小结：原来跑得快有诀窍——起跑线、准备好，听哨声、快起跑，安全线、要减速，快转身、跑回来。

4. 练习交叉躲闪跑。

（1）提问：刚才跑的时候，你遇到什么问题？该怎么解决呢？

（2）小结：很多人在跑的时候可以这么做——多人跑，要注意，防碰撞，要减速，快躲闪，绕过去。

5. 游戏“奔跑吧，兄弟”

（1）根据任务卡一，自主解读任务，明确竞赛规则，进行直线转身跑接力。

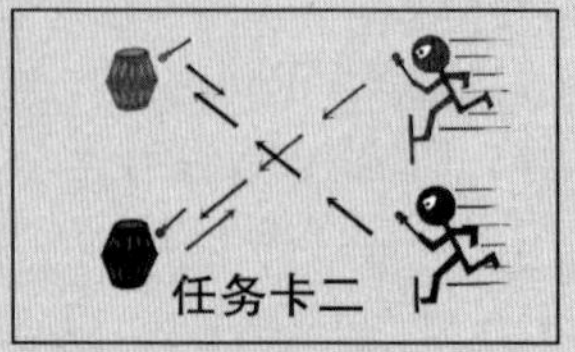

竞赛规则：听到哨声，两队1号队员拿着鼓槌快速跑到滚筒前，敲击滚筒后立即转身跑回来，把鼓槌交给下一个队员。所有队员都跑完后，1号队员才可再次出发去拔小红旗，获得小红旗的队伍胜利。

（2）解读任务卡二，进行交叉转身跑接力。

（3）解读任务卡三，进行直线交叉转身跑接力。

（4）小结并颁发奔跑团徽章。

小结：我们在比赛时，一定要遵守规则，如果违反规则，比赛成绩就会被取消，所以遵守规则很重要。

（5）奔跑团队员合影。

三、结束部分

播放《超级英雄》音乐，做放松活动，自然结束。

——活动评析

1. 活动具有趣味性。该活动借鉴《奔跑吧，兄弟》游戏模式，以跑团队员完成挑战任务的线索贯穿始终，采用竞赛的方式请孩子们穿上红蓝队的运动背心，去完成任务卡上的任务，让孩子们感到既有使命感又有趣味性，活动热情高涨。

2. 活动具有挑战性。教师将挑战的任务设计成相应的图示简单明了地表示出来，让幼儿自己解读，既避免教师反复强调、说教的乏味，又体现幼儿的主体性和挑战性。从直线转身跑接力→交叉转身跑接力→直线交叉转身跑接力，三个任务由易到难，挑战性不断加强，大大激发幼儿参与活动的热情，从而促进教学目标的达成。

3. 活动具有规则性。在户外体育活动的开展中，树立幼儿的规则意识是保证幼儿活动得以顺利开展的前提。在活动中教师注重幼儿规则意识的建立和培养，如“听哨声指令起跑”“遵守接力赛规则”“安全奔跑规则”等，让幼儿在快乐游戏中明确应遵守哪些规则才能保证安全、有序。

模块五　幼儿园早操

早操是幼儿园体育活动中一种基本的组织形式，是幼儿一日活动的重要环节。它是指幼儿在音乐等的伴奏下，有组织地在晨间进行动作练习和全身性身体锻炼的一种活动。它对于锻炼幼儿身体、增强幼儿体质、促进幼儿身心和谐发展有着独特的作用。

早操能够增强幼儿运动系统和心脏器官的功能，发展动作的节奏感、协调性、准确性和控制力，尤其在幼儿形成正确的身体姿态、养成积极的锻炼习惯和态度、获得良好的自然环境适应能力等方面具有独特的作用。同时，早操可以消除睡眠后神经系统的抑制状态，激发和恢复幼儿机体的活动能力，愉悦情绪，使其精力充沛、精神饱满、情绪愉快地投入一日生活和活动中；能激发和促进幼儿自我个性的发展以及同伴间的友好合作交往，有利于幼儿养成活泼开朗的性格和听指挥、守纪律的行为习惯。科学地编排早操并不断地对其进行创新，对处于身体迅速生长阶段的 3 至 6 岁幼儿来说，意义极为深远。

一、早操的类型

常见的幼儿早操类型主要包括徒手操和轻器械操。

（一）徒手操

徒手操是根据人体各部位的特点，按照从上到下、从躯干到四肢、从近到远的运动顺序，有目的、有节奏地进行举、摆、屈、伸、转、绕、蹲、环绕、跳跃等系列单一或组合徒手动作的练习。

1. 模仿操

模仿操是指将日常生活中常见的各种活动、自然界的各种现象、动物的动作与姿态或军事训练中的动作等挑选出来，编成形象生动的体操动作，以促进幼儿身体发展的操节练习，适合年龄较小的幼儿。

2. 韵律操

韵律操是将简单的舞蹈动作或律动动作与徒手体操的动作有机地组合在一起的动作练习。

3. 武术操

武术操是将简单的武术技巧、武术元素和徒手体操的动作有机地组合在一起的动作练习。它可以增强幼儿的协调性、灵敏度、平衡力、柔韧性和力量，同时还能培养幼儿的意志力、毅力和自信心。武术操特有的武术元素特别受幼儿的喜欢。

（二）轻器械操

轻器械操是指幼儿在徒手操的基础上，手持各种轻器械进行的体操动作练习。它有两类：一是有创意地使用日常生活中的一些物品，可遵循废物利用与一物多用相结合的原则，如使用日常生活中常见的方盒、瓶子、拉力器、草袋等物品；二是直接购买一些早操运动器材，如哑铃、红旗、棍棒、绳子、跳圈、椅子、筷子、球、花或其他运动器材。轻器械操在动作编排上往往根据所持器械的不同特点做一些特殊的动作，如椅子操编排的踏、跳椅子的动作，旗操编排的甩、卷旗子的动作，绳操、圈操编排的套头动作等。

二、早操活动的结构

早操活动不仅能塑造幼儿正确的身姿，培养其良好的身体方位知觉和身体肌肉控制能力，还能锻炼幼儿的体能，促进幼儿身体素质的发展。考虑到早操与幼儿体能、幼儿身体发展的关系等，一般将幼儿早操活动分成五个环节，即热身运动、队列练习、基本体操、体能运动和放松运动。

（一）热身运动

热身运动是早操活动的起始环节，目的在于集中幼儿的注意力，诱发幼儿身体各器官组织的机能由较安静状态进入活动状态，为做操和其他身体锻炼活动的开展做好准备，达到热身的目的。因此，热身运动可以让幼儿在音乐伴奏下，做各种模仿动作或跳一些轻快而简单的舞蹈，也可分阶段让幼儿习得一些必须掌握的基本动作。编排时，一定要把幼儿必须掌握的一些基本动作融入其中，让幼儿在优美音乐的伴奏下进行练习，以提高幼儿动作练习的兴趣。

可选择 2/4 拍的音乐，教师带领全班幼儿随着音乐的节拍，从教室齐步走到操场进入自己班级的区域。

进行无器械的动作练习，包括单脚站立、自转、钻圈、直线两侧行进跳、直线走、圆圈走、圆心走、直线跑、圆圈跑、飞机起飞、S 形跑、走跑交替、变速走、变速跑等方式。

进行带器械的动作练习，通常选择器械易搬动的项目，如钻过铁圈、跨过平行线或矮栏、走过平衡木、滚爬过体操垫等。

早操的热身运动应有别于体育课和户外体育活动，运动量不宜过大，否则会影响早操的其他环节。

（二）队列练习

队列练习是热身运动的延续，其目的是培养幼儿的团队合作精神，形成秩序感。它是幼儿园体育活动任务的一部分，最适合在早操中开展。团体操可用于比赛、表演，因此所采用的队列变化力求艺术化且具观赏性，其变化比较复杂，更具层次性；作为锻炼身体用时，在队列变化上不要求复杂，采用简单的队列变化即可。幼儿在音乐的伴奏下，进行简单的队列练习，其趣味性、节奏感远远超过单纯的口令练习。借助队列变化练习，可帮助幼儿认识自身与团体的关系，提高他们理解指令的能力。队列练习应根据各年龄段幼儿动作发展目标的不同进行选择。

1. 做操队形

做操时的队形一般是站成多路纵队，但也应根据年龄进行调整。小班可不按孩子个子的大小站队，可让孩子一个跟着一个站成纵队，也可面对老师站成半圆形。中大班要求能按孩子个子的高矮整齐地站成几路纵队。

2. 队列变化

小班可练习一个跟着一个走圆圈或方形。

中班可进行简单的队列变换，如原地踏步、齐步走、切段分队、纵队变圆圈等。

大班可练习立正、稍息、看齐、原地踏步、原地向左右转、左右分队（两路纵队变四路纵队）、左右并队走（四路纵队变两路纵队）、十字方阵逆时针走、一个大圆变两个同心圆或几个小圆、几个小圆变成一个大圆、单列站双列蹲等。

（三）操节运动

1. 幼儿操节编排应把握的原则

操节是整套操的核心部分，其目的是让幼儿通过系统锻炼全身大肌肉动作，逐步实现运动能力与体能的不断提高。一般说来，教师在编排操节

运动时应把握以下几个原则。

（1）科学性

整套操节一般包括预备运动（踏步）、头部运动、扩胸运动、体侧运动、体转运动、踢腿运动、腹背运动、全身运动、跳跃运动、整理运动。

（2）全面性

整套动作应包括上肢、下肢、躯干和全身等不同方向变化的动作。一套操节还应包含大肌肉群工作的徒手动作，如举、摆、振、屈、伸、转、绕、环绕、蹲、跳跃等动作。

（3）合理性

动作要简单、优美、轻快、活泼，并富有模仿性和表现力，突出动作的形象化和幼儿化，具有一定的锻炼价值，易于幼儿接受。

（4）差异性

不同的年龄班又有一定的差别，在操节长度方面，早操一般由 6—10 个运动小节组成，每一操节的动作为四个八拍。

小班可挑选其中的 6—7 节，时长一般为 2 分钟左右。

中班可以增加为 7—8 节，增添体转、踢腿运动，时长一般为 3 分钟左右。

大班可以增加为 8—10 节，增添体侧运动、全身运动等，时长一般为 4 分钟左右。

在操节类别方面，小班以模仿操为主，徒手操为辅；中班以徒手操为主，模仿操、轻器械操为辅；大班以轻器械操为主，模仿操、徒手操为辅。

这些内容的编排也不是绝对的，可根据园所和幼儿的实际情况而有所不同。同一年龄班在不同时期也应该有所不同，如刚进入大班时，可先增加体侧运动，等到大班下学期再适当增加全身运动等难度较大的动作。值得注意的是，不管操节内容因地、因人有何不同，都应遵循编排的原则，即从上肢到下肢再到全身的顺序，从运动量小的动作过渡到运动量大的动作，从幅度小的动作过渡到幅度大的动作。

2. 幼儿操节的基本动作

（1）头（颈）部动作

①屈：颈椎关节的弯曲，包括前屈（低头）、后屈（抬头）、侧屈（左、右屈）。

②转：颈的转动动作，包括向左转头和向右转头。

③绕旋：头部的旋转动作，包括向左旋转和向右旋转。

编排时要注意，幼儿颈部的毛细血管非常丰富，肌纤维稚嫩，颈部动作的强度不宜过大，节奏不宜过快，一般以 2 拍或 4 拍一个动作为宜，尽量避免头部的绕旋动作。

（2）上肢动作

①举：以肩为轴，臂的活动范围在 180 度以内的动作，包括平举（前平举、侧平举）、上举（侧上举、前上举）和下举（侧下举、后下举）。

②振：以肩为轴，臂所做的弹性动作，包括上后振、下后振、侧后振、平屈后振等。

③屈伸：屈是指肘关节的弯曲动作，伸是由屈开始做伸直肘关节的动作，包括肩侧屈、胸前平屈、头后屈、背后屈。

④绕和绕环：绕是指臂的活动范围在 180 度以上、360 度以内的弧形摆动动作；绕环是臂的活动范围等于或大于 360 度以上的弧形动作，包括向前、向后、向左、向右、向内、向外绕环。

（3）躯干动作

这类动作可以增强胸部、腹部、背部及腰部的肌肉力量，发展脊柱弹性，提高腰椎关节的灵活性。

①屈：指腰椎关节的弯曲，使上体与下肢形成一定的夹角，包括上体前屈、上体后屈和腰侧屈（向左或向右）。

②转：上体的体转动作，包括向左转、向右转。

③绕环：以腰椎关节为轴，上体向左或向右做的回环动作，包括向左或向右绕环。

编排时要注意，由于幼儿身体的控制能力较弱，一般不编排躯干的绕环动作。

（4）下肢动作

这类动作可增强腿部、腹部和背部的肌肉力量，提高下肢关节灵活性。

①蹲：包括全蹲（大小腿夹角小于90度）、半蹲（大小腿夹角大于90度）。

②踢腿：包括向前踢、向后踢和侧踢。

③弓步：两腿开立，一腿弯曲，一腿伸直，包括前弓步、侧弓步和后弓步。

④跳跃：包括双足跳、单足跳、开合跳（前后开合跳和左右开合跳）、

变换跳、向上跳、向下跳和移动跳 。

编排时要注意，由于幼儿身体的控制能力较弱，一般不编排全蹲动作，尤其是在小班年龄段。

3. 幼儿操节教学的组织

（1）站位

幼儿背风、背阳站立，教师面对幼儿站在队伍的前端，能让每一个幼儿看清楚。

（2）示范面

操节教学的示范面有四种：正面示范、镜面示范、侧面示范和背面示范。

①正面示范：师生面对面，幼儿观看教师新授动作的示范。教师在做示范时要求先从左脚或左手开始。教师教授新动作时一般采用正面示范。

②镜面示范：师生面对面，所做的动作、方向是一致的，要求教师先从右脚或右手开始。教师带领幼儿练习操节时常用镜面示范。

③侧面示范：示范身体的前后动作时一般用侧面示范，如双臂做前摆和后摆的动作，或前马步、后马步等动作。采用侧面示范可让幼儿清晰看到完整的动作。

④背面示范：在示范动作路线复杂、方向变化大的动作时，一般采用背面示范。由于教师做背面示范时不能很好地兼顾幼儿，故在实际教学中背面示范很少被采用。

（3）操节内容定期更换

幼儿园应每学期更换一次操节内容，一学年最好做两套操，如第一学期是徒手操，第二学期便可安排轻器械操。

（四）体能运动

体能运动环节是操节的补充，主要是让幼儿将基本动作（如走、跑、跳、钻、爬、平衡等）通过游戏性的方式进行练习，目的是激发幼儿对早操活动的兴趣，发展幼儿基本动作的协调性、平衡性和运动能力，增加幼儿的运动负荷，进一步提高早操的锻炼价值。早操中的体能运动环节运动量不宜过大，否则将影响幼儿的一日生活。

在时间上，小班一般在 3 分钟左右，中大班一般在 4—5 分钟。

在形式上，分班别设置基本动作的练习区域，每次可投放 2—3 个基本动作练习的运动材料，分年龄组循环练习基本动作。注意合理安排循环练习基本动作的顺序，运动量动静交替，运动量较大的动作如跑、跳不能集中安排。

在器械上，可充分利用废物、环保材料、本土资源，或一物多练、一物多玩。如，利用废旧轮胎进行走、跑、跳、钻、爬、平衡等动作的练习；利用竹梯进行走、跑、跨越、平衡、钻、跳、爬、攀登等动作的练习；利用绳做绳操，进行平衡走、助跑跨跳等动作的练习；利用椅子进行走、跑、跨越、平衡、跳、爬等动作的练习。

在音乐的选择上，体能环节可以选播节奏强劲、旋律欢快的音乐作为背景，以激发幼儿运动的兴趣。

（五）放松运动

放松运动是早操的结束部分，目的在于增加早操的表演性、艺术性，调适早操高峰前后的运动负荷差。放松运动一般通过组织一些较平静的身体活动或者做一些轻快的律动、歌唱表演和舞蹈，让幼儿在愉快轻松的气氛中逐渐放松，使幼儿的身体机能由较兴奋状态逐步转入安静状态，从而消除运动后的疲劳。

在时间上，小班 2 分钟左右，中大班 3 分钟左右。

在形式上，安排简单的律动、歌唱表演或舞蹈。注意放松动作尽可能采用手臂与身体的摆动动作。

在音乐的选择上，可选择节奏舒缓、旋律优美的音乐。

一套早操中，可根据幼儿的兴趣爱好、能力发展的需要，将集体统一锻炼、小组合作交流、个别特色表现等不同的活动形式有机融入各环节，甚至在某些环节打破班级、年龄界限，充分利用场地，灵活地为幼儿提供自主练习、自由结伴游戏的机会。“共享”与“交流”让幼儿面临更丰富的环境信息和更多的挑战，能减少教师的重复劳动，扩大幼儿的活动空间，丰富幼儿的活动内容。

三、早操编排注意事项

（一） 内容选择，科学合理

幼儿早操内容的选择应首先考虑幼儿的年龄特点、生活经验、兴趣爱好、本地资源、器械安全便利等因素，教师一方面可以抓住幼儿平时关注的焦点和一些相关信息预设早操内容，一方面要善于巧妙地创造条件引起

幼儿对预设内容的兴趣，使幼儿的需求与教师的预设完美结合。如大班“板凳龙操”内容来源于本地的非物质文化遗产“板凳龙”，是本地春节期间的传统习俗，在每年的元宵，幼儿都耳濡目染，深受熏陶，将该内容融合、创编为幼儿的早操活动，既贴近幼儿的生活经验，又能做好传统文化的传承，具有良好的教育意义。

（二）早操编排，全面均衡

早操活动对于促进幼儿的全面发展有两层含义。一是早操应该促进幼儿身心全面发展。所编排的早操不仅要促进幼儿身体的健康发展，而且要促进他们心理的健康发展；不仅要增强幼儿的体质，而且要促进他们在认知、情感、态度、社会性等方面的健康发展。二是在早操编排中要尽量保证幼儿身体锻炼的全面性。幼儿身体各器官、各系统处在发育阶段，尚不完善，在早操活动中只注重某些部位的练习是不科学的，因此要综合、均衡地编排头、颈、上肢、下肢、腰、背、腹部及全身的练习，每个部位的动作要尽可能全面而对称，做到动静交替、大肌肉活动与小肌肉活动交替，使幼儿整个身体各部位的肌肉、关节、韧带以及内脏器官和各系统得到充分、全面、均衡的发展，避免动作编排的片面性和不均衡性。

（三）立足年龄，体现差异

由于不同年龄班幼儿运动能力存在着一定的差异，在编排早操活动时要有不同的要求。小班的早操宜简单、易学和富有趣味性，具有形象、活泼、可爱的特性。小班幼儿能边念儿歌或边听音乐做模仿操或徒手操，教师编排时多采用三段式，即热身活动、基本体操、音乐游戏或律动。中班幼儿已经具备一定的运动能力和自我控制能力，可要求他们随音乐节奏较准确地做徒手操或轻器械操，动作规范、到位、有力，一般采用队列练习、基本体操、器械动作练习、放松活动（舞蹈或音乐游戏）四段式编排。对于大班幼儿，可要求他们随音乐节奏做徒手操和轻器械操，动作有力、到位，整体效果统一、规范和整齐，体现多变、协同、锻炼的特点，一般采用五段式编排。此外，在编排不同年龄班早操时，应该在动作类型、节数、拍数、时间、运动量、节奏等方面有所不同，具体详见表 5-1：

表5-1　各年龄班幼儿早操编排对比

年龄班	早操类型	动作难度	节数	每节的拍数	节奏	运动负荷量	时间
小班	以模仿操为主，可以做简单的徒手操	动作较简单、变化小，以对称动作为主	每套操安排6—7节	2个八拍，或者按歌曲的内容	较慢，变化小	130—140次/分	8—10分钟
中班	以徒手操为主，可以做简单的轻器械操	动作有一定变化和难度	每套操安排7—8节	2个八拍或4个八拍	有快有慢，有一定变化	135—145次/分	10—12分钟
大班	以轻器械操为主，徒手操一般采用韵律操、健美操、武术操等形式	动作难度较大，变化较多	每套操安排8—10节	4个八拍	有快有慢，变化较多	140—150次/分	12—15分钟

注：本表参考潘庆戎、赵小华主编的《幼儿园教育活动设计与指导——健康》绘制，有改动。

（四）满足需要，激发兴趣

运动心理学和活动理论表明，幼儿的运动兴趣和动机主要是由动作、器械等认知和操作对象引起的，而不是由活动的发展性结果引起的。如果这些对象对他们来说缺乏认知吸引力，就很难引起他们的兴趣和动机，幼儿活动起来也就没有内驱力，自然也就不会主动、认真地去做。因此，所编的早操应该从内容、动作、器械等方面体现其趣味性，进而激发幼儿的兴趣。尤其是小班幼儿，因其年龄小，注意力容易分散，所选择的内容更应与生动有趣的游戏相融合，让幼儿在生动有趣的游戏互动中，促进各种基本动作的发展。如游戏“大象和小鸟”，幼儿能在区分“大象”和“小鸟”两种音乐旋律不同的基础上，随音乐的变化分别表现大象走路、喝水和小鸟飞、吃食的动作，还可以将两种音乐旋律想象成“大熊和小兔”，分别表现大熊走路和小兔跳的动作。在游戏中，幼儿不仅提高了参与早操锻炼的兴趣，还提高了分辨音乐节奏快和慢、音乐旋律缓慢、沉重和活泼、欢快的能力，更促进了走、跑、跳等动作的发展。

从器械上看，器械的色彩、造型、音响、是否具有多变性等元素，会直接影响幼儿的兴趣，因此，在器材的选择上可充分考虑色彩较亮丽、造型较独特、有一定声响、玩法多变等特点，如脸谱旗色彩鲜艳、哑铃的造型独特、筷子敲击有声响、健身绳玩法多样等均能提高幼儿对早操活动的兴趣。

（五）负荷适宜，确保健康

在编排早操活动的内容时，应合理安排和注意调节幼儿运动时身体和心理所承受的负荷量。

1. 要合理控制早操的时间，确定操节每节的组合数和节拍数。各年龄班的早操时长、节数、拍数要有所不同，一般为：小班 8—10 分钟，6—7 节，每节 2 个八拍；中班 10—12 分钟，7—8 节，每节 2 或 4 个八拍；大班 12—15 分钟，8—10 节，每节 4 个八拍。

2. 要根据身体锻炼的内容、运动项目的特点及幼儿的年龄差异，合理地确定早操的运动负荷量，包括练习的距离、持续活动的时间、练习的密度、活动的强度等，做到密度高、强度低、时间短、节奏强。

3. 幼儿早操各环节运动负荷量的曲线变化必须遵循“曲线上升、波形进展、曲线下降”的一般规律，身体活动的运动量应注意由小到大逐步上升，并在活动结束前逐步下降。在具体编排时可以这样：一开始安排一些活动量小的活动和项目，既可以克服身体器官和系统的惰性，提高活动能力，又可避免因活动量过大而过早地导致幼儿身体的疲劳；中间部分安排一些运动难度和强度较大的练习，使活动量增加，并出现适宜的运动负荷高峰；结束部分安排一些活动量较小的活动，或做一些模仿性动作和有利于肢体放松的体操、律动、简单的舞蹈，使运动量逐步下降。

四、早操编排步骤

早操的编排不是某个班或某个教师的工作，是整个年级组的工作，需要整个年级组教师根据各班的情况，一起讨论分析再进行创编。它包括器械的选择、内容的编排、动作的设计、音乐的选择、教师的汇操、器械的制作等内容。

（一）选定器械，编排内容

要编排的操是哪个年龄段的？要编排什么类型的操？一套操由哪些部分构成？每个部分具体安排在整套操的什么环节？……这些问题都需要综合考虑。一般低强度的内容可安排在第一、第二环节，如歌唱表演、模拟活动、基本动作练习、队列练习等；高强度的内容则安排在中间和后半段，如基本体操、体能练习、节奏较快的律动和具有一定运动量的游戏等；而节奏较慢的放松式的舞蹈、歌唱表演强度低，一般安排在结束处供幼儿放松整理用。这样的编排，能遵循“曲线上升、波形进展、曲线下降”的一般规律。

（二）遵循特点，设计动作

早操的操节、动作、内容、口令、手势以及其他细节等，需要年级组教师统一研讨创编，且各班教师均需清楚把握，才能正确指导幼儿练习。比如，幼儿早操的入场形式，是各班在指定区域，等音乐响起引导幼儿跑到指定位置，还是幼儿一开始就已经站在指定位置上不需要特别入场。又如，热身活动用什么形式开展，是各班绕大圈变速跑，还是整个年级幼儿横排变速跑，或是进行其他运动热身。再如，在队列变化中，列、路、横队、纵队怎么定义，怎么区分，教师的口令要求和手势如何，体能环节幼儿的循环路线选用哪些动作等。诸如这些，都需要年级组统一讨论确定。在具体的动作设计中，还应该注意以下两点：

一是早操动作的设计要从幼儿的实际需要出发，做到简单、大方、优美、轻快、活泼、容易到位，富有模仿性和表现力，具有一定的强度，符合各类早操的特点。小班阶段可由教师编排，中、大班阶段可以让幼儿进行部分创编，再由教师进行综合与提升。

二是注意区分早操动作与舞蹈动作的不同。早操活动的主要目的是增进幼儿的体能、运动能力以及动作协调性，需要一定的运动量，无论是模仿动作还是扩展动作，均要有一定的运动强度，应避免过于舞蹈化。

（三）根据主题，选择音乐

音乐是早操的灵魂，不仅能将各环节的运动有机衔接，而且能让幼儿置身在富有节奏感、韵律感的音乐中，不知不觉达到锻炼的效果，能有效地增强节奏感、韵律感、表现力，激发他们参与早操的兴趣。早操应选择活泼轻快、节奏鲜明、旋律优美动听的音乐来伴奏，每一首音乐既要契合整个早操的主题，又必须符合该环节的内容、性质和特点。具体而言，操节运动适合选择节奏明快、每个乐句为四小节的音乐，队列练习要选择雄壮有力的进行曲风格的音乐，基本动作训练则要选择较为动感、自由流畅的音乐，放松整理则适合采用舒缓、柔和、优美的音乐。不能只是将一些好听的音乐简单拼凑在早操的几个环节，那样则会造成音乐风格与早操内容不相融，不能很好地体现早操的整体性和协调性，也不能很好地体现各环节之间的有机联系。应根据整套操的内容需要选择性质一致的音乐。如

京剧脸谱旗操，可选择《唱脸谱》《第一套戏曲广播体操》《中华好儿郎》《声声慢》等京剧类型的音乐。另外，要注意选择一些幼儿耳熟能详的动画片主题曲或简单、易学、朗朗上口、贴近幼儿生活的儿歌、童谣，如《我的身体最神气》《动物列车》《木头人》等，这些音乐具有动感强、节奏明快、内容诙谐等特点，容易感染幼儿，引起他们的共鸣。

（四）教师汇操，修正调整

早操的创编一般要经过多次的修改、调整才能成功，其间，教师汇操是重要一环。年级组要将各班在新操实践中遇到的问题及时汇总，年段统一研讨，提出解决方法，对不适合部分进行修正调整。同时，要统一各班教师的动作、口令、手势以及幼儿动作起始的方向等。

（五）家园配合，准备器械

早操器械的合理使用能够大大提高幼儿参与早操的兴趣。一般情况下，早操的器械包含基本动作训练的运动器械、游戏的辅助器械和做操用的手持器械。在确保这些器械安全、美观的前提下，应就地取材、废物利用，引导家长、幼儿共同收集、自制器械，以充分发挥家长资源，加强材料的原创功能，促进幼儿的创造力和动手能力的提升。所选用的器械应充分体现开放性、科学性和层次性的特点。

1. 开放性

所提供的器械必须能够挖掘多种玩法和功能，实现一物多用。如健身绳，横着间隔放在地上可以绕跑、跨跳；竖着连接放地上，可以平衡走、手脚着地爬；两名幼儿对拉，可以成为山洞让他人钻……器械的多种玩法必须由教师在早操中引导幼儿一起去探索和发现。

2. 科学性

投放体育器械是为了更好地促进幼儿的动作发展，因此所提供的器械首先要考虑其是否安全牢固。其次，幼儿年龄小，所提供的器械还应考虑其大小是否适宜、轻重是否适度，是否方便幼儿抓握、做动作，是否有利于幼儿动作的发展等因素，要避免因为使用了器械而限制了某些动作要素和运动量，更要避免因为器械太大、太重而造成幼儿运动损伤。

3. 层次性

一是同一材料，针对不同发展水平的幼儿提出不同的要求。如同样是从椅子上跳下来，动作发展水平好的幼儿可以跨过椅背往下跳，动作发展水平较低的可以选择从椅面上往下跳。二是同一动作，根据幼儿能力差异提供不同的器械。如在平衡动作练习时，投放不同高度和宽度的平衡板，以满足幼儿不同的需要。

（六）恰当安排，学习新操

经过前期的各种准备，可进入最后的学习新操阶段，包括早操的名称、环节、每个环节的内容、基本操节的节数和每节动作的名称等，幼儿都应该有所了解和掌握。教师在组织早操学习时，可通过教学示范、同伴示范、图示、分段练习与完整练习等方法，帮助幼儿学习理解与记忆早操各环节的动作要点及要求。教师还应做到动作准确、到位，语言简明、扼要，口令与音乐节奏相符、干净利落有力度，合理把握学操时间，每次教 2—3 节操节，避免幼儿产生疲劳状态。

教师教操时间可恰当安排如下：

1. 晨间锻炼时间，注意时间不宜过长，以 10—15 分钟为宜。

2. 体育活动时间，在活动前做准备活动时，可以学习新操节内容，在活动结束后可以一起学习放松环节内容。

3. 体育游戏（下午）时间，操节复习与新操节学习相结合。

4. 游戏活动时间，分小组纠正动作，复习动作，学习动作。

五、早操的组织与实施

（一）做好充足的准备

一是合理规划场地。幼儿早操是在户外场地上开展的集体活动，场地空间要宽阔、地面材质要适宜、场地要安全，一般选择在幼儿园的大操场进行。在组织幼儿进行早操前，对平行班级的活动区域、年段间进退场线路、不同环节活动范围、器械摆放等问题要进行合理规划和设定，以保证活动有序。幼儿早操时，人员较集中，活动范围变化较大，幼儿的动作还处发展阶段，协调性和灵活性不足，早操活动中经常会发生碰撞和摔跤的情况，因此，幼儿早操活动的场地要以草地、泥地、塑胶地为主，以确保幼儿早操活动的安全。

二是全面检查幼儿的着装。在早操活动前，要全面检查幼儿穿戴的服饰是否合适，女孩的裙子是否过长，是否需要增减衣服，鞋子是否便于运动，鞋带是否松散，等等。

（二）提供规范正确的动作示范与指导

早操活动既是以培养幼儿正确的身体姿势为主的活动，也是幼儿欣赏美、感受美、表现美的过程。教师要以自身姿态的美、语言的美、情绪的美去感染幼儿，激发幼儿以饱满的热情、振奋的精神积极、主动地投入早操活动中。在指导过程中，教师可通过直观形象的语言进行讲解，配合规范的动作进行示范，但应该正确地把握讲解与示范的分量。幼儿年龄越小，讲解的成分越少，示范的成分越多；随着幼儿对身体部位的认识以及动作经验的积累，可逐步增加讲解的分量，做到精讲多练，给幼儿充分锻炼的时间。

（三）采用灵活多样的组织形式

整个早操活动应体现既有变化又有统一，要将教师有组织的直接指导与教师在幼儿自由活动中的间接指导有机结合，将集体活动、小组活动与个别活动有机结合，以适应不同活动内容的不同要求，激发幼儿参与活动的积极性，提高幼儿活动的主动性、独立性和创造性。例如，操节环节要求幼儿按照统一的动作来做；游戏环节可以让他们自由选择游戏伙伴，可以是一对一的个别游戏，也可以是三五成群的小组游戏，还可以是打破班界的集体游戏；放松整理环节则可以让他们在音乐的伴奏下，按照自己的想象和理解，自由创编一些动作。不同年龄班的组织形式应该有所不同，小班以自主活动为主，中班可增加一些合作活动的形式，大班可适当增加集体活动的内容。

（四）确保适宜的运动负荷量

1. 运动负荷量的考量标准

运动负荷量反映在运动强度和密度上。一般而言，整个早操的强度，以儿童平均心率 140 为正常，运动前心率在 80—90 左右，在早操运动最高时可达到心率 150—170 次 / 分，放松阶段为 100—120 次 / 分，在早操结束五分钟后再测幼儿心率应在 80—90 次 / 分之间，达到正常状态。

早操主要目的是让幼儿在短时间内完成全身的活动与运动，等待时间少，一般情况下早操的运动密度在 80% 以上。

2. 运动负荷量的测算方法

幼儿运动强度（如心率等）可由医生抽样检查，通过号脉法或听诊法选择一定数量的幼儿作为样本进行测算。在幼儿做早操的五个不同阶段分别进行测试，并按照每个测试幼儿在早操不同阶段的心率，画出每个幼儿早操的心率曲线图，以供教师参考。教师应根据心率曲线图了解早操运动量是否适宜，并做出相应调整。

3. 运动负荷量测试步骤

第一，每环节选择基础心率大致相同、动作技能相当的男女幼儿各一组，挂上各环节的记号牌，由两位教师分别负责男童组与女童组的测试和记录工作。

第二，在各环节结束后，按顺序测量该环节幼儿的心率。被测幼儿不得与其他环节的被测幼儿重复。操节部分测两次，分别在第三节和第六节结束后，以 10 秒为单位测试时长。

第三，用一周的时间，先后在不同班级开展测试，每一环节抽样测试 3—4 组幼儿。

4. 运动负荷量的计算方式

每环节脉搏次数（10 秒）×6 ＝某幼儿该环节运动量

同一环节 3—4 组幼儿运动负荷量之和 ÷ 该环节幼儿人数＝该环节平均运动负荷量

早操全过程平均运动负荷量之和 ÷ 一套操的测试次数＝整套早操的平均负荷量

（五）及时调整早操活动的内容

1. 根据幼儿的运动负荷量进行调整

一套操运动负荷量怎么样，除了按照一定的曲线规律进行理论上的编排外，还必须在幼儿基本掌握了整套操后，通过测试来了解他们的实际运动负荷量是否符合人体的运动负荷曲线规律，不合适的地方要及时进行调整，以体现早操的科学性。

2. 根据幼儿的熟练程度进行调整

幼儿的动作发展是一个渐进的过程，从初学早操的生疏到后来熟练表现，需要一定的时间。因此早操编排完成后，教师要充分考虑幼儿动作发展的特点，允许早操留有持续发展的余地。当幼儿熟练掌握后，还要通过改变游戏的玩法或者提高动作的难度等形式进行调整。

3. 根据四季天气变化进行调整

早操应坚持在户外进行，所以早操活动的时间和内容要根据四季天

气的变化进行调整。如：春秋季气温相近，幼儿感觉舒适，各种动作的早操运动都适宜开展；冬天天气寒冷，早操运动量可大些，跑、跳等剧烈运动能让幼儿身体温暖起来，时间也可适当长些，可与上午的户外体育活动结合进行；夏季天气炎热，可适当减少早操的时间，减少运动量，以走、平衡、基本体操为主，不要编排太剧烈的跑跳运动，以免加重幼儿的身体负担。

六、活动案例

案例一：板凳龙操（大班）

【设计意图】

板凳龙是大田县一项历史悠久的传统活动，具有本土文化特色，已列入国家非物质文化遗产名录。板凳龙于元宵节在乡村或街巷迎舞，俗称迎龙，由龙珠、龙首、龙身、龙尾组合，均用竹木、灯板、龙纸分节扎制而后连缀。舞龙时既鼓励每个龙丁张扬个性又强调龙队的团结协作，寓意深远，韵味无穷。

为了弘扬家乡文化，让幼儿对家乡文化有一个深刻的认识，故将板凳龙巧妙融入幼儿园活动中，设计了适合大班幼儿年龄特点的板凳龙操。该操采用幼儿生活中最常见的生活用品板凳进行适当装饰，巧用板凳作为器械进行舞板凳龙、队形变换、动作技能等的练习，让幼儿在操节中不仅体验了舞龙的乐趣、锻炼了身体，又了解了家乡的本土文化，萌发热爱家乡的情感。

【活动目标】

1. 了解迎板凳龙的习俗及板凳龙的基本结构，喜欢家乡的民俗文化。

2. 积极参与早操活动，能与同伴团结协作，感受集体运动的快乐。

3. 能按照节奏完成内旋绕、盘龙、穿龙、走、跑、平衡、爬等基本动作及各操节动作。

4. 会听信号集合、整理队列，进行踏步走、齐步走和跑步走等队列变化。

【材料准备】

大鼓、自制板凳龙节、龙珠等。

【基本环节】

开场舞龙表演（配乐《中国龙》）→队列练习（配乐《中国龙》）→板凳操（配乐《中国牛》）→体能练习 （配乐《加加油》）→放松运动（配乐《吉祥娃娃》）。

环节一：舞龙表演
时 长：2分56秒
配 乐：《中国龙》

【动作内容】

快走与慢跑、原地转等动作。

【活动准备】

1. 器械准备：自制的板凳龙、龙珠、大鼓等道具。

2. 场地安排与队形站位如下图：

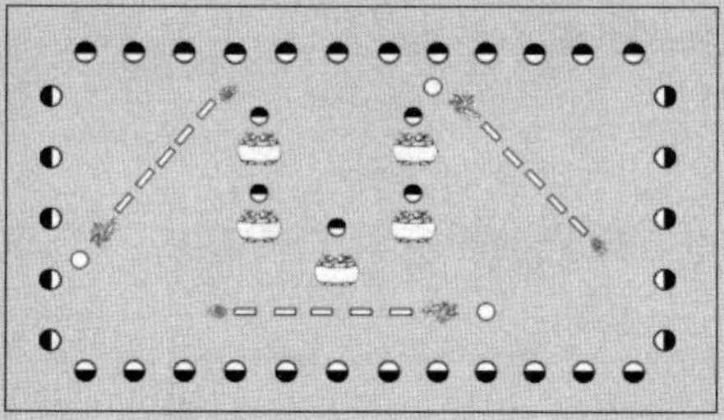

【活动进程】

1. 各班幼儿走成一条龙，按班级顺序衔接成长龙在场地外围环绕，场地中央五个大鼓，场内三条小龙在场内舞龙表演。

2. 外围幼儿随着音乐节奏变换舞龙动作，场内幼儿随鼓点节奏舞龙。

3. 各班到自己的场地进行舞龙表演，如点头、内旋绕、盘龙、穿龙等。

【活动建议】

1. 教师拿龙珠，板凳龙随着龙珠舞动的方向进行摆动。

2. 大鼓由教师敲打。

3. 邀请舞龙队到幼儿园表演，引导幼儿欣赏，激发幼儿表演的愿望。

环节二：队列练习
时　长：1 分 40 秒
配　乐：《中国龙》

【动作内容】

1. 踏步走

自然挺胸，目视前方，膝盖抬起高度不超过 90°，双手半握拳、自然在体侧前后摆臂。

2. 齐步走

从左脚开始向前迈步，步伐均匀一致，上体正直，两臂前后自然摆动，有精神地走。

3. 跑步走

左脚先迈，两脚前脚掌着地，同时上体稍前倾，肩和双臂放松，双臂屈肘前后摆动，步幅小频率跑。

【活动准备】

1. 器械准备：用小板凳制作的龙节。

2. 场地安排与队形站位如下图 1 至图 3：

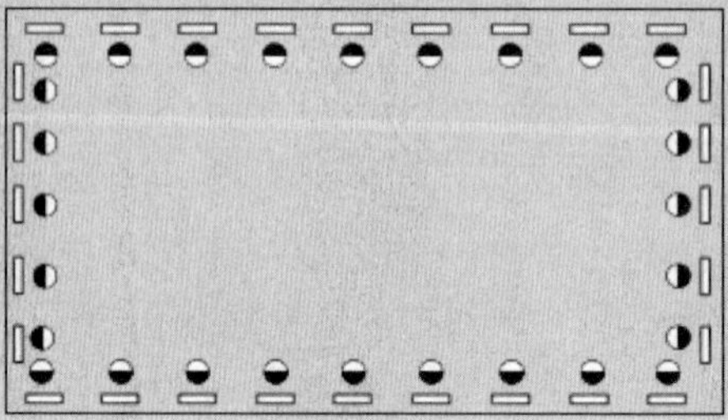

图 1

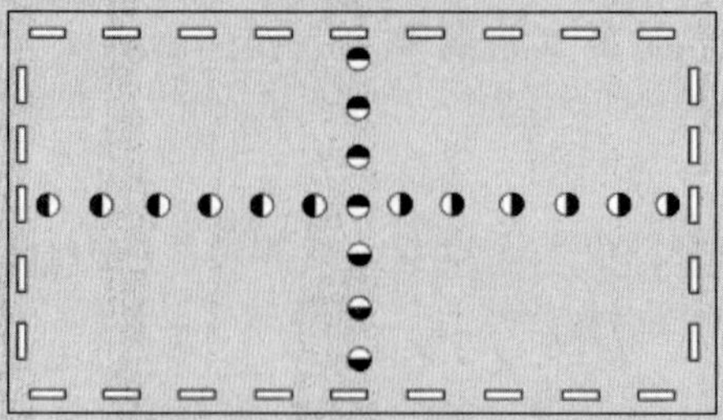

图 2

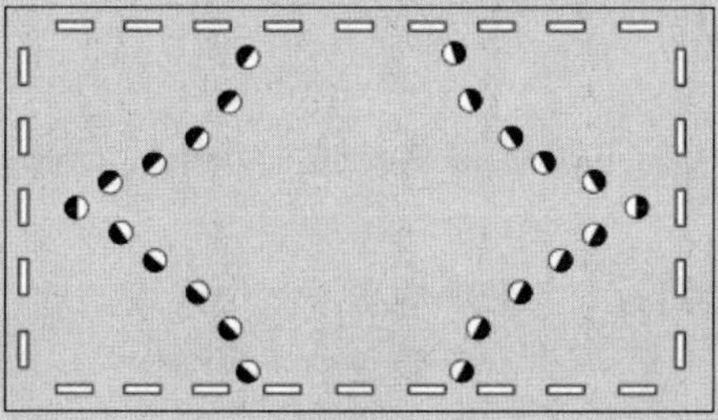

图 3

【活动进程】

1. 以班级为单位，各班幼儿到场地边拿板凳龙节踏步走到各自区域形成正方形，将板凳龙节放下，幼儿站在椅子前面，然后绕椅子逆时针跑步走成正方形。

2. 幼儿踏步走，变成十字形，四队分别踏步走向正方形四个角变成弧形。

3. 幼儿边踏步走边依次拿起板凳龙节变成 4 路纵队。

【活动建议】

利用户外活动练习听信号集中、动作自然协调地踏步走、看手势变相应队形等。

环节三：板凳操
时　长：2 分 50 秒
配　乐：《中国牛》

【动作内容】

头部运动、上肢运动、扩胸运动、下肢运动、体侧运动、体转运动、全身运动、跳跃运动、放松运动。

【活动准备】

1. 器械准备：自制的板凳龙节。

2. 场地安排与队形站位如下图：

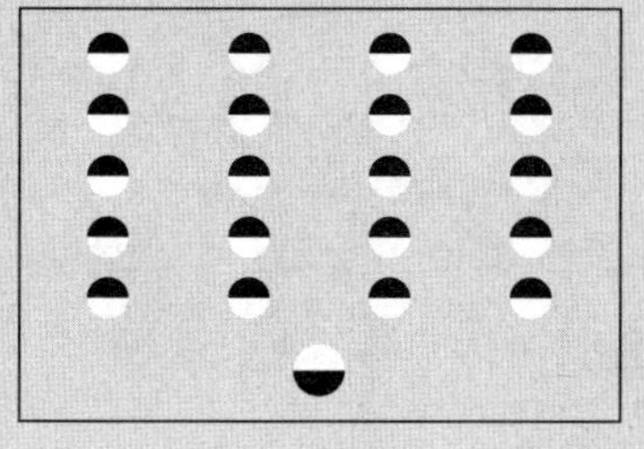

【活动进程】

1. 队列

在场地范围内，以班级为单位排成方阵。

2. 操节

准备时坐在板凳上，双脚并拢，双手叉腰。

第一节 头部运动（4×8 拍）

第一个八拍：

1—2 拍，双手叉腰头部前屈，还原。

3—4 拍，双手叉腰头部后屈，还原。

5—6 拍，双手叉腰头部左屈，还原。

7—8 拍，双手叉腰头部右屈，还原。

第二个八拍：

1—4 拍，头部向左旋转一圈。

5—8 拍，头部向右旋转一圈。

第三个八拍至第四个八拍动作同第一个八拍至第二个八拍。

第二节 上肢运动（4×8 拍）

第一个八拍：

1—2 拍，双脚与肩同宽站立，双手握拳做扩胸后回位到胸前。

3—4 拍，双臂由胸前转为侧平举后双手握拳放双肩上。

5—6 拍，双手上举展开、手掌相对。

7—8 拍，还原动作。

第二个八拍至第四个八拍动作同第一个八拍。

第三节 扩胸运动（4×8 拍）

双脚踏步绕到板凳后站好。

第一个八拍：

1—2 拍，双手叉腰，左脚踩板凳。

3—4 拍，双手握拳做扩胸后回位到胸前。

5—6 拍，双臂由胸前转为侧平举，掌心向上。

7—8 拍，还原。

第二个八拍换成右脚踩板凳，其他动作同第一个八拍。

第三个八拍动作同第一个八拍。

第四个八拍动作同第二个八拍。

第四节 下肢运动（4×8 拍）

第一个八拍：

1—2 拍，双脚并拢跳过板凳。

3—4 拍，双手叉腰坐在板凳

5—8 拍，双脚原地踏步四次。

第二个八拍：

1—2 拍，双腿向两侧脚尖点地打开。

3—6 拍，脚跟点地、脚尖点地重复两次。

7—8 拍，双腿收回并拢。

第三个八拍：边拍手边踏步从右边绕到椅子后面，立正站好。

第四个八拍：下蹲用手掌拍打凳子四次，起立并高举板凳后还原。

第五节 体侧运动（4×8 拍）

第一个八拍：

1—2 拍，拿起板凳，让椅面贴紧胸前。

3—4 拍，板凳前平举，左脚向左侧伸出脚跟点地，右脚弯曲，上肢向左侧下腰。

5—6 拍，收回左脚的同时收回板凳，让椅面贴紧胸前。

7—8 拍动作同 3—4 拍，方向相反。

第二个八拍至第四个八拍重复第一个八拍的动作并还原。

第六节 体转运动（4×8 拍）

第一个八拍：

1—2 拍，板凳前平举同时向左迈开一步与肩同宽。

3—4 拍，板凳举向左后方，身体向左后方转动后还原到面向正前方，收回左脚的同时收回板凳，让椅面贴紧胸前。

5—8 拍动作同 1—4，方向相反。

第二个八拍至第四个八拍重复第一个八拍的动作并还原。

第七节 全身运动（4×8 拍）

第一个八拍：

1—2 拍，左脚向左前方跨一步成弓箭步，同时把凳子举向左前方。

3—4 拍，收回左脚的同时收回板凳，让椅面贴紧胸前。

5—8 拍，后踢步四次。

第二个八拍动作同第一个八拍，方向相反。

第三、四个八拍分别重复第一、二个八拍的动作并还原。

第八节 跳跃运动（4×8 拍）

第一个八拍：

1—2 拍，将凳子前平举的同时双脚跳跃分开。

3—4 拍，凳子收回胸前的同时双脚跳跃合拢。

5—6 拍，将凳子上举的同时双脚跳跃分开。

7—8 拍，凳子收回胸前的同时双脚跳跃合拢。

第二个八拍至第四个八拍重复第一个八拍的动作并还原。

第九节 放松运动（4×8 拍）

第一个八拍：放下凳子，原地踏步。

第二个八拍：

1—4 拍，原地踏步，吸气的同时双臂从两侧慢慢举起至头顶手掌交叉。

5—8 拍，原地踏步，呼气的同时双臂从头顶向两侧打开，慢慢下落回到大腿两边。

第三个八拍至第四个八拍重复第二个八拍的动作并还原。

【活动建议】

1. 开展探索式体育活动“好玩的凳子”，引导幼儿利用凳子练习走、跑、跳、平衡、爬等动作。

2. 结合音乐活动，引导幼儿将小凳子当小鼓，敲打节奏。

环节四：体能练习
时　长：2 分 05 秒
配　乐：《加加油》

【动作内容】

平衡、双脚并拢向前行进跳、跨跳、手脚着地爬等动作。

【活动准备】

1. 器械准备：自制板凳龙节。

2. 场地安排与队形站位如图 1、图 2：

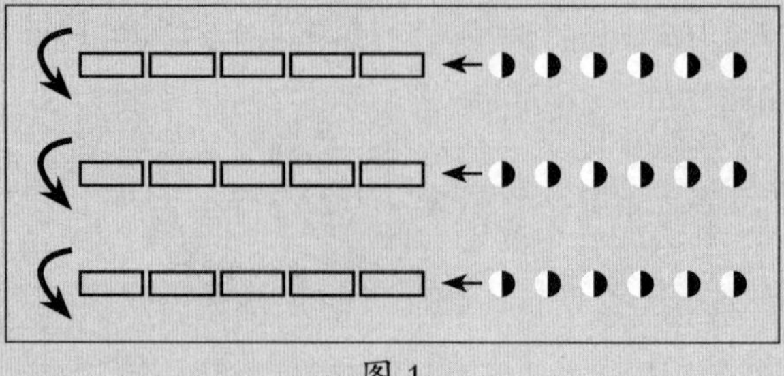

图 1

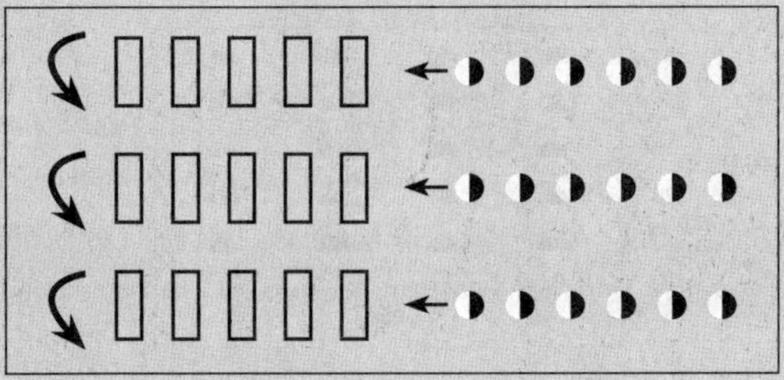

图 2

【活动进程】

1. 幼儿将凳子竖着摆成竖排，然后一个跟着一个跑到凳子后面排成一队。

2. 双手侧平举，依次站上凳子，平稳地通过凳子桥；跑回起点再进行一次平衡的练习，直至本组所有幼儿完成两轮练习。

3. 幼儿一个跟着一个依次手脚着地爬过凳子桥，跑回起点再进行一次手脚着地爬的练习，直至本组所有幼儿完成两轮的练习后，跑回自己的位置上原地踏步。

4. 将凳子横着按站位点间隔摆放，幼儿双手摆臂，膝盖微曲，以双脚并拢向前行进跳或跨跳的动作跳过凳子桥。完成一轮动作后跑回站位点。

【活动建议】

1. 在户外游戏中以凳子为器械练习平衡、双脚并拢向前行进跳或跨跳、手脚着地爬的动作。

2. 在户外游戏中，自主摆放凳子，进行练习。

环节五：放松运动
时　长：1 分 55 秒
配　乐：《吉祥娃娃》

【动作内容】

身体左右摇摆、左右脚交替点步。

【活动准备】

场地安排与队形站位如下页图：

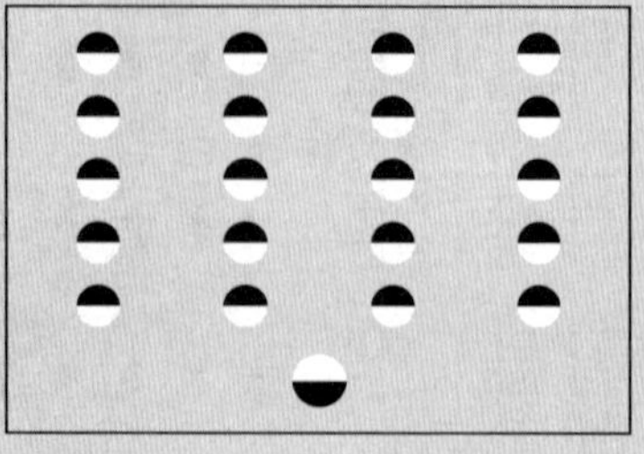

【活动进程】

1. 在场地范围内，以班级为单位，变成四路纵队。

2. 间奏部分。在各自班级区域内双手小花状放于胸前，左右摇头。

3. 主歌部分。听音乐做拍肩上举、做笑脸、左脚向左前方伸出，脚跟着地双手做恭喜状。右边动作方向相反。

4. 结束部分。双臂在两侧打开上举随音乐左右摇摆。

【活动建议】

1. 在音乐活动中学会演唱歌曲，感受歌曲舒缓的情绪，并和教师一起创编动作。

2. 提醒幼儿动作轻柔、缓慢。

案例二：舞狮乐（中班）

【设计意图】

舞狮，是中国优秀的民间传统表演艺术，表演者在锣鼓音乐下，做各种形态的动作，以图喜庆与吉祥。每逢节庆或有重大活动必有舞狮助兴，长盛不衰，历代相传。大田每年都会举行狮王争霸赛，表演动作柔中有刚，并穿插着武术动作技巧，令观众大饱眼福。幼儿在目睹舞狮表演后，总会竞相模仿舞狮子。为满足幼儿的需要，让他们能亲身体验舞狮子的乐趣，特为中班幼儿编排了舞狮操，让幼儿在早操活动中既能达到锻炼的目的，又能进一步感受本地舞狮传统表演艺术的独特风格。

【活动目标】

1. 积极参与早操活动，乐于与同伴共同游戏，感受集体运动的快乐。

2. 能持狮子头完成走、跑、平衡等基本动作。

3. 会听信号集合、整理队列，进行踏步走和齐步走等队列变化。

4. 感受民间音乐的特点，体验家乡的民俗风情。

【材料准备】

狮子头、大鼓等道具。

【基本环节】

开场热身操（配乐《狮子舞》）→集体舞表演（配乐《金蛇狂舞》）→舞狮操（配乐《金蛇狂舞》）→体能练习（配乐《太空小狮子》）→放松运动（配乐《狮子滚绣球》）。

环节一：开场热身操
时　长：1分41秒
配　乐：《狮子舞》

【动作内容】

小碎步、踏步、双手托住狮子头在胸前做左右扭胯、双手高举狮子头做后踢步、将狮子头套在头上做原地转等动作。

【活动准备】

1. 器械准备：舞狮、大鼓等道具。

2. 场地安排与队形站位如下图：

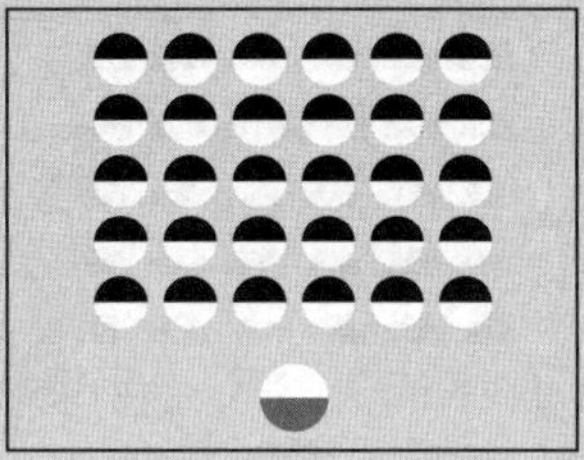

【活动进程】

1. 第一段音乐，以班级为单位，各班幼儿到场地的各自区域，右手抱住狮子头靠在右侧，小碎步走成四路纵队后原地踏步。

2. 第二段音乐，跳热身操节。双手托住狮子头在胸前做左右扭胯、双手高举狮子头做后踢步、将狮子头套在头上做原地转等动作。

【活动建议】

1. 引导幼儿熟悉音乐。

2. 结合音乐活动，利用户外活动练习听信号集中以及动作自然协调地做热身操节。

环节二：队列练习与集体舞表演
时　长：1分46秒
配　乐：民乐《金蛇狂舞》

【动作内容】

模拟舞狮的表演动作狮子打招呼、狮子打瞌睡、狮子翻滚、狮子摇尾巴等。

【活动准备】

场地安排与队形站位如图1、图2：

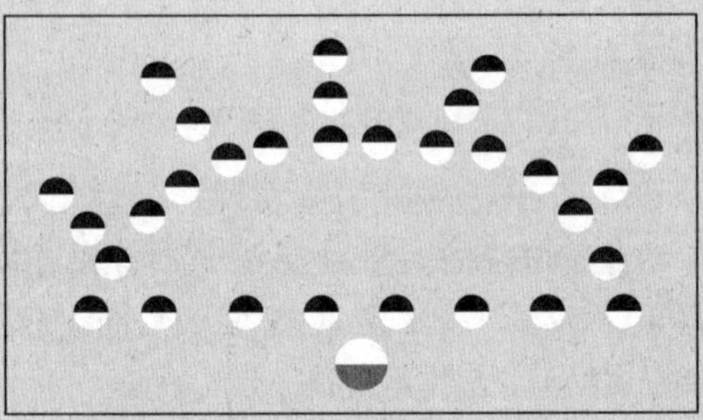

图1

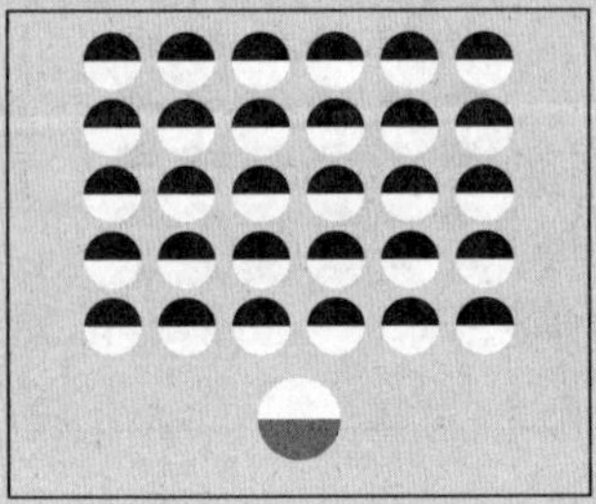

图2

【活动进程】

1. 在场地范围内，以班级为单位，双手将狮子头套在头上，小碎步变成太阳形状。

2. 间奏部分，在各自班级区域内双手拿狮子头，做左右摇摆动作及上下定造型。

3. 主歌部分，听音乐做舞狮动作如狮子打招呼、狮子打瞌睡、狮子翻滚、狮子摇尾巴等。

4. 第一段结束，回到自己的班级方阵，与本班幼儿做狮子打招呼、狮子摇尾巴等动作进行互动，用小碎步完成队形变化。如下图：

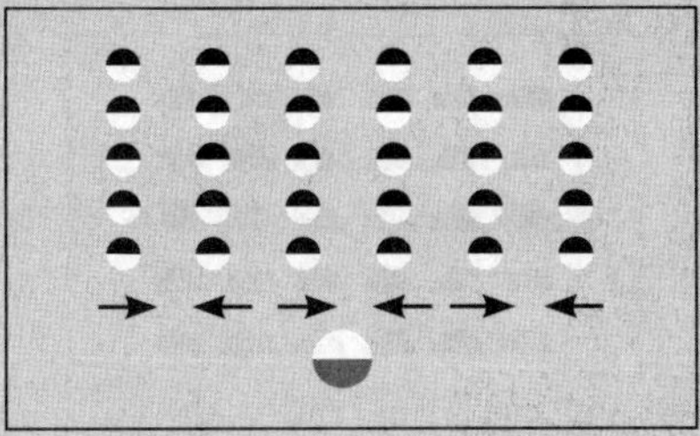

5. 第二段结束，与隔壁班幼儿做狮子打瞌睡、狮子翻滚等动作进行互动，用小碎步完成队形变化。如下图：

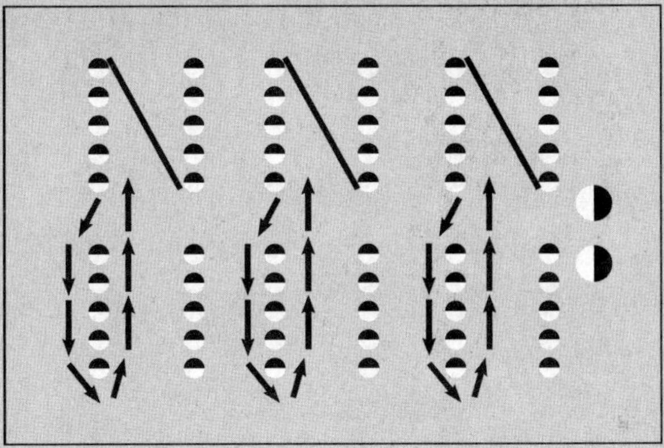

6. 结束部分，音乐停止的时候幼儿摆出有创意的造型。

【活动建议】

1. 引导幼儿熟悉音乐。

2. 结合音乐活动熟悉歌曲内容，学习表演动作，创编造型。

环节三：舞狮操
时　长：3 分 46 秒
配　乐：民乐《金蛇狂舞》

【动作内容】

融合舞狮特点做头部运动、伸展运动、体侧运动、体转运动、踢腿运动、下蹲运动、跳跃运动、整理运动。

【活动准备】

场地安排与队形站位如下图：

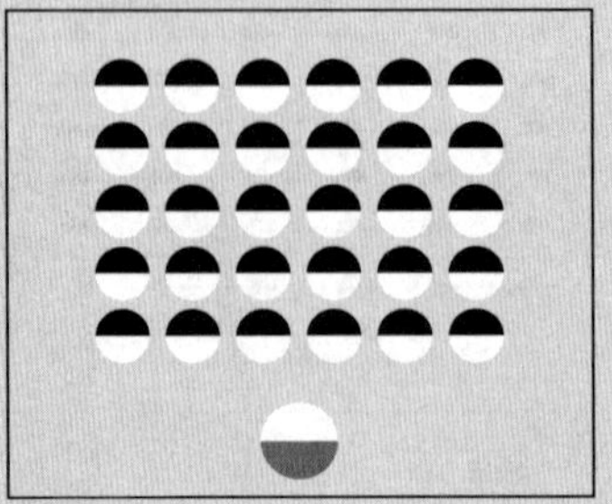

【活动进程】

第一节 头部运动（4×8拍）

准备动作：双手拿狮子头于胸前位置，双脚并拢。

第一个八拍：

1—2拍，头部前屈。

3—4拍，头部还原。

5—6拍，头部后屈。

7—8拍，头部还原。

第二个八拍：

1—2拍，头部左屈。

3—4拍，头部还原。

5—6拍，头部右屈。

7—8拍，头部还原。

第三个八拍动作同第一个八拍的动作，同时将狮子头上举至头顶位置，利用手腕控制使狮子头的动作与头部动作一致。

第四个八拍动作同第二个八拍的动作，同时将狮子头上举至头顶位置，利用手腕控制使狮子头的动作与头部动作一致。

第二节 伸展运动（4×8拍）

第一个八拍：

1—2拍，双脚与肩同宽站立，双手拿狮子头向前平伸。

3—4拍，脚步不动，双手拿狮子头回到胸前位置。

5—6拍，脚步不动，双手拿狮子头向上举至头顶。

7—8拍，脚步不动，双手拿狮子头回到胸前位置。

第二个八拍至第四个八拍动作同第一个八拍。

第三节　体侧运动（4×8 拍）

第一个八拍：

1—2 拍，双脚与肩同宽站立，双手拿狮子头举至头顶。

3—4 拍，脚步不动，上肢带动手部动作向左侧身。

5—6 拍，脚步不动，上肢带动手部动作回正。

7—8 拍，脚步不动，上肢带动手部动作向右侧身。

第二至第四八拍动作同第一个八拍，最后两拍双脚还原并拢。

第四节　体转运动（4×8 拍）

准备动作：双手拿狮子头于头顶位置，双脚并拢。

第一个八拍：

1—2 拍，左脚向左侧跨一步至与肩同宽。

3—4 拍，身体向左侧转。

5—6 拍，身体向右侧转。

7—8 拍，左脚收回双脚并拢，身体回正。

第二个八拍动作同第一个八拍，方向相反。

第三个八拍动作重复第一个八拍的动作。

第四个八拍动作重复第二个八拍的动作。

第五节　踢腿运动（4×8 拍）

准备动作：双手拿狮子头于胸前位置，双脚并拢。

第一个八拍：

1—2 拍，左脚向前跨一步的同时将狮子头上举置于上位。

3—4 拍，右脚向前踢至水平位，直膝，绷脚背，同时将狮子头向下举至胸前位置。

5—6 拍，右脚收回，同时将狮子头上举。

7—8 拍，左脚收回，还原成直立，同时将狮子头回置胸前的位置。

第二个八拍动作同第一个八拍，方向相反。

第三个八拍动作重复第一个八拍的动作。

第四个八拍动作重复第二个八拍的动作。

第六节　下蹲运动（4×8 拍）

准备动作：双手拿狮子头于头顶位置，双脚并拢。

第一个八拍：

1—2 拍，左脚向左侧跨一步。

3—4 拍，屈膝下蹲。

5—6 拍，站起。

7—8 拍，左脚收回。
第二个八拍动作同第一个八拍，方向相反。
第三个八拍动作重复第一个八拍的动作。
第四个八拍动作重复第二个八拍的动作。

第七节　跳跃运动（4×8 拍）

第一个八拍：
1—4 拍，双手拿狮子头放置胸前，双腿做后踢步。
5—6 拍，双脚跳跃打开，同时双手将狮子头举过头顶。
7—8 拍，还原动作。
第二个八拍至第四个八拍动作同第一个八拍。

第八节　整理运动（4×8 拍）

第一个八拍：双手拿狮子头放置胸前，原地踏步。
第二个八拍：
1—4 拍，双手拿狮子头自胸前甩至左斜上方。
5—8 拍，双手拿狮子头，晃动狮子头。
第三个八拍与第二个八拍动作相同，方向相反。
第四个八拍：
1—4 拍，双手拿狮子头，原地踏步。
5—8 拍，将狮子头放至地上左侧。

环节四：体能练习
时　长：1 分 47 秒
配　乐：《太空小狮子》

【动作内容】
S 形跑、钻、跨跳。
【活动准备】
场地安排与队形站位如下图：

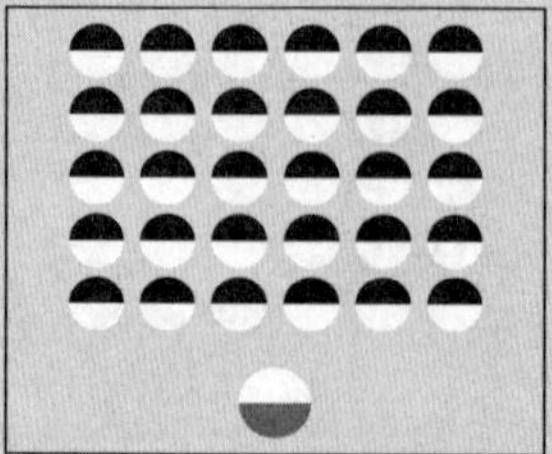

1. 两路纵队为一组，互相配合做S形跑的动作。单数纵队幼儿举起狮子头在胸前并在原地做小碎步动作，双数纵队幼儿将狮子头放在前面，并由队长带队，鱼贯地绕着单数纵队做S形跑，完成两轮动作后回自己的位置拿起狮子头做准备，与单数纵队幼儿交换角色。

2. 三路纵队为一组，一、二路纵队幼儿原地转为面对面，狮子头碰狮子头形成“拱形门”，第三纵队幼儿将狮子头放在前面，并由队长带队，鱼贯钻过狮子头，完成两轮动作后回自己的位置拿起狮子头做准备。三队幼儿交替完成该动作。

3. 各队幼儿将狮子头放在前面，并由队长带队，跑至前方后向左转弯绕跑至队伍后面排成一队，跨跳过每个狮子头，完成两轮动作后跑回原点。

【活动建议】

1. 结合户外体育活动开展以跑为主的体能练习。

2. 利用其他物品如绳子、椅子等为器械开展S形跑、钻、跨跳等动作练习。

环节五：放松运动
时　长：1分30秒
配　乐：《狮子滚绣球》

【动作内容】

身体左右摆动、相互捶背、小碎步转圈。

【活动准备】

场地安排与队形如下图：

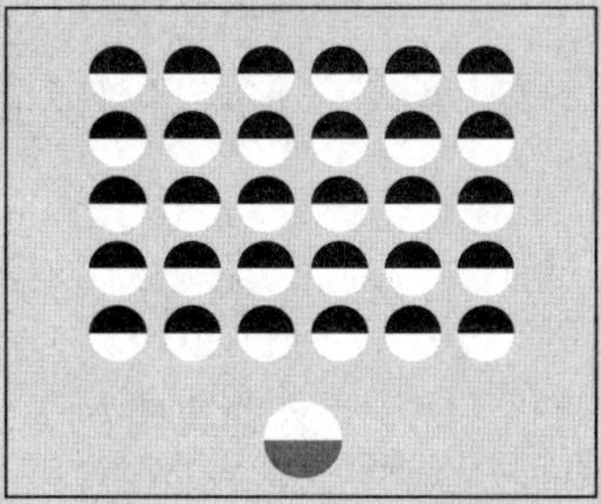

【活动进程】

1. 在场地范围内，以班级为单位，做放松动作。

2. 间奏部分，在各自班级区域内做左右摇摆动作。

3. 主歌部分，听音乐前后互相做捶背等动作。

4. 结束部分，音乐尾声部分拿道具到各自的收纳区收狮子头。

【活动建议】

1. 在音乐活动中引导幼儿充分做动作放松自己的身体。

2. 用语言提醒幼儿动作舒缓，幅度不要过大。

案例三：运动宝贝向前冲（小班）

【设计意图】

早操是幼儿园体育活动的重要内容，每天按计划进行适宜的早操活动，可以促进幼儿身体的正常发育，可以增强幼儿身体对外界环境的适应能力，调节幼儿情绪，让幼儿精神饱满地开始一天的学习和生活。小班幼儿年龄小，动作水平较差，注意力容易分散，选取动物模仿操和游戏创编成早操，能激发幼儿持续参与早操的兴趣，发展幼儿的基本动作，达到在较短时间内锻炼全身的效果。

【活动目标】

1. 积极参与早操活动，乐于与同伴共同游戏，感受运动的快乐。

2. 能按照节奏完成原地踏步、跑、蹲等基本动作及各操节动作。

3. 会听信号集合、整理队列，体验与同伴一起做操的快乐。

【材料准备】

泡泡机。

【基本环节】

热身活动（配乐《运动真奇妙》）→动物模仿操　（配乐《宝贝宝贝》）→体能练习（配乐《海底小纵队》）→集体游戏（配乐《快乐的小鱼》）→放松运动（配乐《萤火虫对星星说》）。

环节一：热身活动
时　长：1 分钟 20 秒
配　乐：《运动真奇妙》

【动作内容】

上肢伸展、甩手、原地踏步、跳、单脚站立、用小碎步进行原地旋转等动作。

【活动准备】

场地安排与队形如下图：

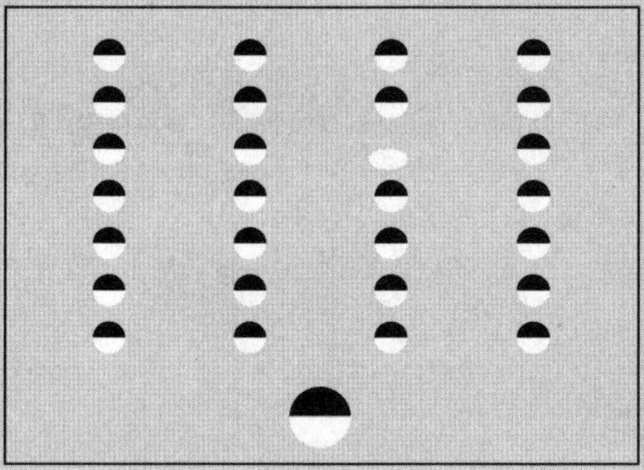

【活动进程】

1. 以班级为单位，各班幼儿到场地后，在第一段音乐的前半段内排成四路纵队。

2. 幼儿拍手向前走，找到黄色的点站好。

3. 幼儿随着音乐节奏做上肢伸展、甩手、原地踏步、跳、单脚站立、小碎步原地旋转等动作。

【活动建议】

1. 开展活动“我不迟到”，培养幼儿早睡早起不迟到的好习惯。

2. 培养幼儿积极参加体育运动的兴趣。

环节二：动物模仿操
时　长：3 分钟
配　乐：《宝贝宝贝》

【动作内容】

模仿动物的动作，如小兔跳、老虎走、大象甩长鼻子、小鸟飞等。

【活动准备】

场地安排与队形如右图：

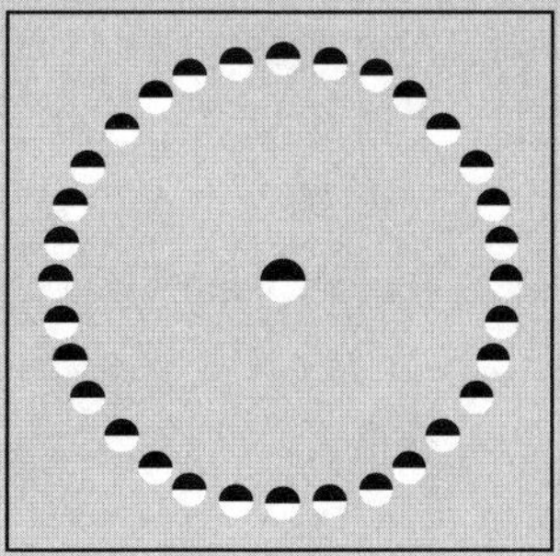

【活动进程】

1. 各班幼儿围成圆圈队形，教师站

在圈内做动作。

2. 幼儿在圈上跟随音乐做小兔跳、老虎走、大象甩长鼻子、小鸟飞等动作。

【活动建议】

1. 引导幼儿熟悉音乐。

2. 开展主题活动“可爱的小动物”，让幼儿感受不同动物的喜好和运动方式。

3. 开展活动“我的爸爸妈妈”，让幼儿感受爸爸妈妈的爱，引导幼儿如何爱爸爸妈妈。

环节三：体能练习
时　长：1 分 10 秒
配　乐：儿童歌曲《海底小纵队》

【动作内容】

伸展动作、蹲、跑步。

【活动准备】

场地安排及队形变化如右图：

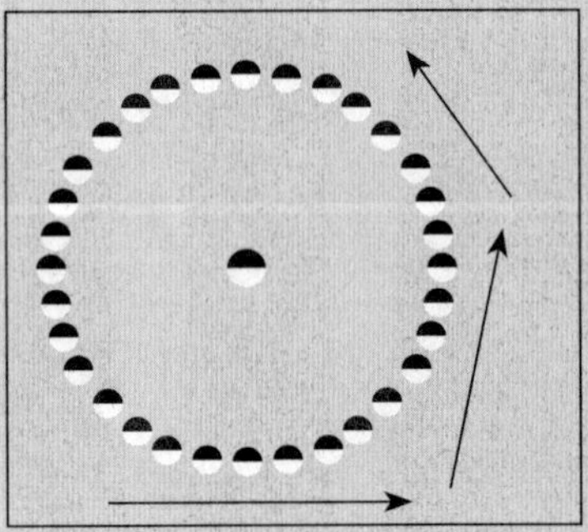

【活动进程】

1. 在场地范围内，以班级为单位，自由分散站好。

2. 前奏部分，在各自班级区域内幼儿自由分散站好，进行跑步前的准备，听音乐做伸展动作。

3. 主歌部分，听音乐围成圆圈自由跑步，跑步同时注意安全。

4. 结束部分，围成圆圈做蹲下动作，随音乐结束回到各自的站位。

【活动建议】

1. 在活动中引导幼儿欣赏歌曲《海底小纵队》，了解歌曲的内容，感受歌曲活泼、激动、紧张的情绪，并和教师一起创编动作。

2. 用语言提醒幼儿运动时要注意安全，距离不能离老师很远，做到不推人、不挤人。

环节四：集体游戏
时　长：2 分 10 秒
配　乐：《快乐的小鱼》

【动作内容】

钻、肢体动作摆动、躲、绕圈等动作。

【活动准备】

场地安排及队形站位如右图：

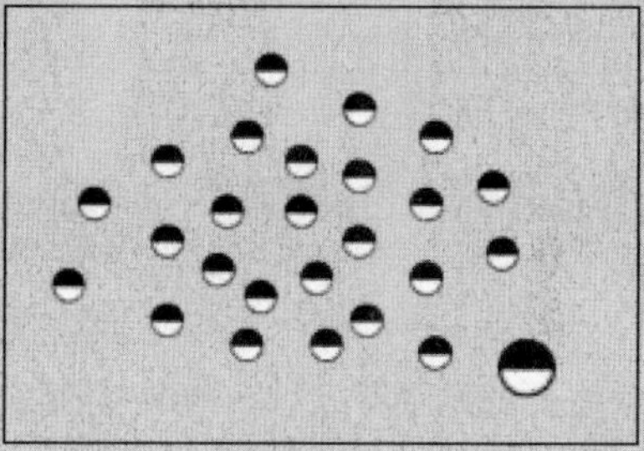

【活动进程】

1. 播放 A 段音乐，部分幼儿两两牵起小手搭出桥洞似的“渔网”，让“小鱼”在水里畅游，在“渔网”下自由穿梭。

2. 播放 B 段音乐，“鱼儿们”听儿歌做出摇摆的动作，模拟小鱼游水时嬉游的样子。当听到“自由自在乐无穷”这一句时，“渔网”落下捕“小鱼”。

3. 播放 C 段音乐，“渔网”撤去，被捕到的“小鱼”重新回到大海里自由自在地游水嬉戏。

【活动建议】

1. 结合区域户外体育活动，增强幼儿动作反应的灵敏性。

2. 在游戏中结合钻、躲、绕圈、肢体摆动的动作练习。

环节五：放松运动
时　长：1 分 30 秒
配　乐：《萤火虫对星星说》

【动作内容】

伸展运动、踏步走、手拉手左右摆动、拥抱。

【活动准备】

场地安排及队形站位如下页图：

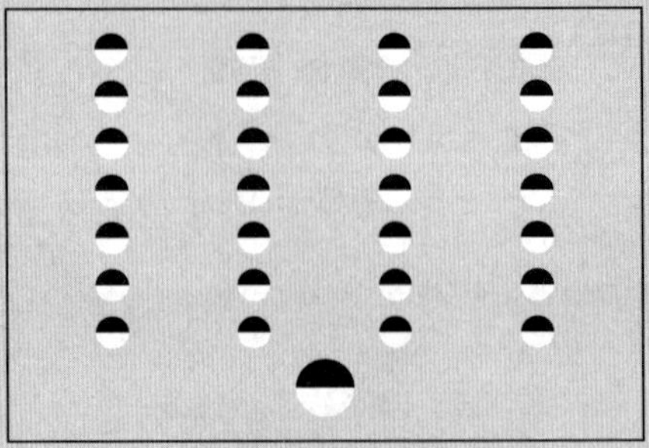

【活动进程】

1. 在场地范围内，以班级为单位，按早操队形站好。

2. 前奏部分，在各自班级区域内双手分开置于身体两侧，做左右摇摆动作。

3. 主歌部分，听音乐双膝屈伸做伸展动作，模拟呼喊、望远镜等动作。踏步走，找好朋友，手拉手抱抱。

4. 结束部分，做捶捶手臂、捶捶腿等放松动作，随音乐有序退场。

【活动建议】

1. 在音乐活动中引导幼儿欣赏儿童歌曲《萤火虫对星星说》，了解歌曲的内容，感受歌曲舒缓的情绪，并和教师一起创编动作。

2. 用语言提醒幼儿动作舒缓，幅度不要过大，使幼儿心率慢慢降下，符合早操锻炼的科学要求。

模块六　幼儿园室内体育游戏

幼儿园室内体育游戏是根据一定的活动目标，充分利用班级活动室、卧室、楼道走廊及周边环境创设一定的运动场景，投放班级内随手可得的适宜的运动器械，使幼儿通过表现性、创造性的身体运动，达到锻炼目的的一项体育活动。它不受天气、季节等因素的影响，是幼儿园体育活动的重要途径之一。

一、室内体育游戏的场地设置

《纲要》在“健康领域”的指导要点中指出：“培养幼儿对体育活动的兴趣，是幼儿园体育的重要目标，幼儿园要根据幼儿的特点，组织生动有趣、形式多样的体育活动。”因此，如何保证幼儿在特殊天气里也能有充沛的运动时间和活动空间，提高幼儿运动的积极性，达到强身健体的目的，室内体育游戏的有效开展显得尤为重要。而适宜的场地设置是幼儿园室内体育游戏的基本保证，因此，为了有效地开展室内体育锻炼，要根据不同的室内场地选择适宜的活动内容并设置游戏。

（一）充分挖掘室内环境

幼儿园的室内空间有限，要充分挖掘可开展运动的场所，如活动室、卧室、阳台、楼道、走廊、楼梯、大厅以及多功能室等，均可以作为幼儿室内体育运动的场所。

（二）合理安排室内空间

要使有限的空间充分发挥作用，应思考哪个空间适合开展哪些活动，或是哪些活动适合在哪些空间开展，因地制宜地进行安排。比如，幼儿开展移动性频繁、活动次数多、方向较复杂的走、跑、爬行、行进跳等活动可安排在活动室、多功能室等相对宽敞的空间；运动所需空间相对较小，幼儿移动性不大的投掷、原地纵跳、力量素质练习等活动，则可以选择在阳台、盥洗室外的收纳区进行；运动占地较小，但具有较强的流动性的运动可选择走廊或是活动室通往寝室的过道进行；平衡、悬垂、手臂力量锻炼等活动可以巧妙利用卧室中有序摆放的床铺和过道进行，开展形式多样的钻、爬、跳、侧滚、平衡等活动，可利用活动室巧妙摆放的桌椅；纵跳、攀登、下滑、拉吊一定重量的物品等锻炼，可利用楼梯开展。

二、室内体育游戏的材料选择

（一）适宜性

由于室内运动场地受空间的限制，提供给幼儿的运动材料应选择体积相对较小、功能多样的玩具，如纸球、沙包、皮球、健身短绳、跳绳、短棍、跳圈、地垫等。

（二）多样性

为幼儿提供的材料要尽量多样化，数量要充足，以满足不同幼儿的运动的兴趣和需要。既要有活动上肢的运动材料，又要有活动下肢的运动材料，促进幼儿身体均衡发展。

（三）灵活性

在室内运动的概率相对较小，为避免太多的材料占用空间，或给教师额外增加过多准备材料的工作量，应充分考虑将班级内现有的一些材料进行灵活运用，以达到锻炼幼儿的目的。如桌子，小班幼儿可以钻或爬；中班幼儿可以上、下爬，或从上往下跳；大班幼儿则可以翻越、仰着爬，或利用桌子进行两两合作的滚接乒乓球、两两竞赛的吹气球等活动。又如椅子，小班幼儿可以靠墙摆放扶着过桥，或将椅子间隔着摆放，绕着椅子“S”形走；中班幼儿可以不靠墙摆放过桥，或倒着放行进跳，或玩抢椅子；大班幼儿可以将椅子拉开距离过桥，或将椅子侧摆练习跨跳等。再如每个班级都有的地垫，小班幼儿可以将地垫拼摆成长条练习爬、顶在头上走练习平衡，中班幼儿可以将地垫间隔摆放练习跳、侧身滚翻，大班幼儿可两人合作背靠背夹着走等竞赛性活动。

三、室内体育游戏的组织形式

室内体育游戏的组织形式多种多样，可以是集体的、小组的，也可以是自由分散的。不同的游戏内容应采用不同的组织形式。如，教师将桌子、椅子和地垫综合运用，创设成“小兵训练场”，让幼儿集体循环练习钻、爬、平衡、跳等基本动作。又如，教师提供高跷、皮球、沙包等材料，让幼儿自选材料自由分散练习，教师巡回指导。同一游戏内容，可多种组织形式有机结合。如椅子游戏，首先，利用椅子集体做准备运动；其次，分散探索椅子的多种玩法；再次，小组合作协商椅子的玩法；最后，分成几组，利用椅子进行平衡、行进跳、钻爬等集体活动。因场地的限制，建议以小组或个人的分散活动为主，既可以满足幼儿多种活动的需要，避免拥挤，又有利于教师的全面管理。

四、开展室内体育游戏的注意事项

开展室内体育游戏应注意：

第一，活动场景的创设与材料的投放应尽量考虑场所特点和幼儿的年龄、能力及兴趣差异。把活动量小的基本动作练习与娱乐性强的体育游戏，以及根据幼儿兴趣生成的活动相结合，可以使幼儿充分感受到活动的乐趣。如，小班应注意利用丰富的材料吸引幼儿自主活动，淡化幼儿对于活动的任务感，满足幼儿多种活动的需要，使幼儿在愉快的氛围中自由活动，这样既可以使幼儿在游戏中不知不觉地达到锻炼的目的，又能充分提高幼儿参与活动的积极性。中大班幼儿的基本活动能力发展较好，动作较为灵敏、协调，体力较充沛，知识范围扩大，理解能力有所发展，具有较强的自我控制能力，有一定的责任感和集体观念，相互合作的能力有所提高，所以对动作有一定难度、内容丰富、讲一定规则、具有合作性的体育活动兴趣较高。

第二，室内体育游戏的内容既要考虑安排钻、爬、投掷、推滚等大肌肉活动，也要考虑促进动手能力、手眼协调等小肌肉的活动。内容的选择应尽量游戏化、趣味化、娱乐化，淡化任务感，减少不必要的规则，使幼儿感到愉快、自由。

第三，室内体育游戏的开展，一般以班级为单位，也可以临近两个班级融合开展，有利于教师的指导与看护，避免安全事故的发生。

第四，要帮助幼儿树立自我保护意识和规则意识，明确安全的重要性，使幼儿能在规定的环境条件下学会守规则、讲秩序、能协商等，促进幼儿社会性的发展。

五、活动案例

（一）小班

案例一：猴子摘桃

【活动目标】

1.锻炼双脚并拢向上跳跃的能力。

2.发展手眼协调能力。

【环境创设】

准备海洋球、透明胶带、小篮子或小纸箱，将海洋球粘贴在透明胶带上，透明胶带悬挂离地1.5米左右高度。

【游戏建议】

1.3—5名幼儿扮成“小猴子”，双脚并拢向上跳起摘桃子，摘完的桃子放进篮子或纸箱里。

2.多名开展竞赛，听口令同一时间开始跳起摘桃子，直至桃子全部摘完，看谁摘得多。

案例二：你拿我放

【活动目标】

1.锻炼向前走、跳的能力，增强四肢的协调性和灵活性。

2.能积极参与游戏，提高专注力。

3.学习遵守游戏规则，增强规则意识。

【环境创设】

准备圈和纸筒若干，将圈摆成一列，每个圈外左右两侧各摆放1个纸筒。

【游戏建议】

幼儿排成一个纵队，第一名幼儿走（或跳）进圈里将圈外两侧的纸筒拿起放于圈内，再向前走（或跳）进第二个圈，同样将圈外两侧的纸筒拿起放于圈内，直至走（或跳）完所有的圈后，跑回队伍后排队等候。第二名幼儿紧随其后，每向前走（或跳）一个圈则要将圈内的纸筒摆放回圈外的左右两侧。而后面的幼儿则是依次重复第一、二名幼儿的动作，如此交替进行游戏。

案例三：积木传递

【活动目标】

1. 锻炼快速跑的能力，提高身体的灵活性、反应力和专注力。

2. 学习与同伴间互相合作，增强团结协作意识。

【环境创设】

准备椅子和积木，将椅子摆放成一列或几列，在每一列的第一张椅子上放一块积木。

【游戏建议】

1. 将椅子间隔一定距离，摆放成一列，在第一张椅子上放一块积木。每张椅子上坐一名幼儿，第一名幼儿拿起积木，快速传递给第二位名儿，第二名幼儿快速传递给第三名幼儿，直至将积木传递至最后一名幼儿，游戏结束。游戏可反复进行。

2. 可分组开展竞赛。每组相同数量的椅子和幼儿，在比赛开始的信号发出后，哪组将积木传递至最后一位幼儿的用时最短则胜出。

案例四：眼疾手快

【活动目标】

1. 锻炼手眼协调能力、专注力和反应能力。

2. 巩固对颜色的认识。

3. 体验游戏带来的快乐。

【环境创设】

准备桌子和红黄蓝绿等色彩的积塑玩具（纸杯、积木等），将桌子拼成长桌，不同颜色的积塑玩具等无规律地放置在桌子四周。在桌子外的四周设置分界线。

【游戏建议】

1. 教师随意说一种颜色，幼儿快速找到相应颜色的积塑玩具等举起，看幼儿是否能做出正确的反应。

2. 游戏玩法熟练后，可让幼儿站到分界线上，教师发出信号后，幼儿快速跑向桌子拿出相应颜色的积塑玩具等举起，看谁跑的速度快和分辨色彩的能力快。

3. 游戏中的积塑玩具等的颜色可增加或调换。

案例五：小马过河

【活动目标】

发展走、跨、跳、平衡等动作，提高专注力及肢体协调能力。

【环境创设】

每名幼儿2张地垫（约30厘米×30厘米），设置小河的起点和终点。

【游戏建议】

1. 幼儿扮成小马，每人持两张地垫，利用这两张地垫自主从河的起点到河的终点。

2. 教师可引导幼儿根据自身的动作发展水平，循环用两张地垫走着过河，也可将地垫拉开一定的距离跨着或跳着地垫过河。

3. 熟悉游戏玩法后，可分组开展竞赛。每组相同的人数，哪组所有小马都过河后用时最短则获胜。

案例六：赶小猪

【活动目标】

1. 练习持物控球走或跑，提高手部的控制能力，发展动作的协调性。

2. 能认真投入游戏，培养专注力和耐心。

【环境创设】

提供纸棒和纸球，利用教室、走廊空地，将地上的标志设为小猪的“家”，设置起点线。

【游戏建议】

1. 幼儿手持纸棒，将“小猪”（纸球）从起点赶至终点的“小猪家”（水果贴纸），在赶小猪过程中，不能用手触碰纸球。

2. 可开展竞赛。幼儿同时从起点出发，谁先把“小猪”顺利赶回家谁就获胜。

案例七：小青蛙搬家

【活动目标】

1.练习青蛙跳，增强腿部力量和身体协调性。

2.掌握游戏玩法，增强规则意识和与同伴合作游戏的意识。

【环境创设】

设置起点和终点，将8—10个跳圈紧挨着从起点依次摆成一列。

【游戏建议】

1.8—10名幼儿在起点前依次排成一列，第一名幼儿跳入第一个圈，双手拿起第一个圈放在腰间位置，用青蛙跳的方式依次跳圈前进，跳至最后一个圈后，将身上的圈放下，跳出圈跑至终点站好。第二名幼儿以同样的方式，将第二个圈运至圈末把圈放下，跑至终点排到第一位幼儿的背后，直至所有幼儿完成圈的搬运。游戏再次进行，将跳圈搬运回之前的位置。游戏可反复进行。

2.在游戏开始前可进行青蛙跳的动作练习。

3.可分组开展竞赛。每组幼儿和跳圈的数量相同，哪组幼儿先完成跳圈的搬运即获胜。

案例八：拖拉机

【活动目标】

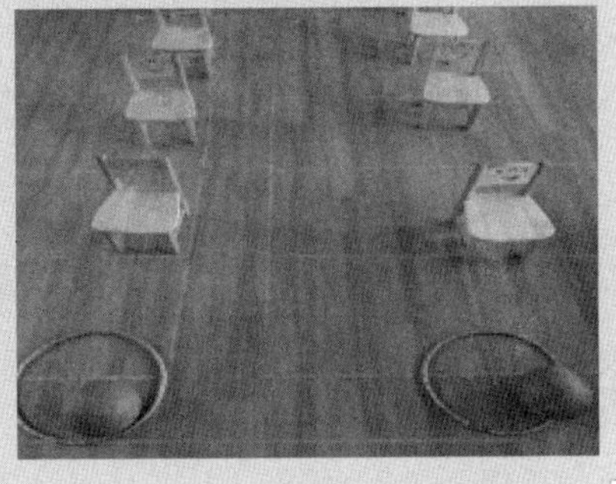

能用圈拖球倒退走，提高手眼协调能力。

【环境创设】

皮球和圆形圈若干，设置起点和终点，在起点和终点间设置直线、曲线或间隔着用椅子、纸箱等设置障碍。

【游戏建议】

1. 游戏前，幼儿先练习，用圈自由拖动球移动，不限玩法和行进路线。

2. 设不同程度的游戏路线，有直线、有障碍物、曲线三种路线，增强挑战性和趣味性。

3. 可开展竞赛。幼儿从相同的游戏线路同时出发，谁先拖球顺利到达终点谁获胜，游戏中一旦球跑出圈，就要在原地把球拿回来后再继续游戏。

案例九：小刺猬运果子

【活动目标】

1. 练习双脚并拢行进跳，锻炼幼儿跳跃能力。

2. 听从游戏指令，积极参与游戏。

【环境创设】

设置起点和终点，将跳圈从起点到终点摆成四列，在终点处用篮筐放置“果子”（积木），起点处放置空篮子。

【游戏建议】

1. 幼儿扮演小刺猬，分 4 组从起点出发，双脚并拢依次跳过跳圈，至终点后拾起果子跑回起点，将果子放进篮子里，并与下一个幼儿击掌接力。

2. 可分组开展竞赛。每组幼儿人数相等，哪组幼儿全部拾完果子回到起点用时最短就获胜。

案例十：小青蛙跳荷叶

【活动目标】

1. 利用游戏情境，练习双脚行进跳。

2. 体验小青蛙跳荷叶的乐趣。

【环境创设】

准备荷叶（地垫、报纸等）若干，在场地设置起点和终点，将荷叶间隔着铺成几列。

【游戏建议】

1. 幼儿分组排成几路纵队，站在起点上，一个跟着一个，用双脚行进跳的方式依次跳过荷叶直至终点，跑回起点线上后排队，再次游戏。

2. 可根据幼儿动作发展情况，调整荷叶间的距离或设计难度不同的荷叶通道。

3. 可分组开展竞赛。每组幼儿人数相同，哪组幼儿全部跳完用时最短则获胜。

（二）中班

案例一：躲避大摆球

【活动目标】

锻炼快速躲闪的能力，提高反应能力和身体的灵敏性。

【环境创设】

桌子摆出一条狭长的过道，准备气球和绳子，绳子的一端系气球，另一端系在横梁上。

【活动建议】

1. 教师手持自制大摆球，站在椅子上左右摇摆大摆球，幼儿站在起点线上朝同一个方向，看准大摆球运动的方向，快速躲闪着从大摆球下通过，跑向终点，再从终点折返跑回起点，未被大摆球击中的算闯关成功，可继续参与游戏，被大摆球击中的幼儿要暂停游戏一次。

2. 根据幼儿的活动情况可适当调整大摆球的速度。

案例二：方向小能手

【活动目标】

1.练习双脚、单脚行进跳和侧身行进跳动作，增强下肢力量。

2.锻炼幼儿根据杯子摆放做出相应的动作的能力。

【环境创设】

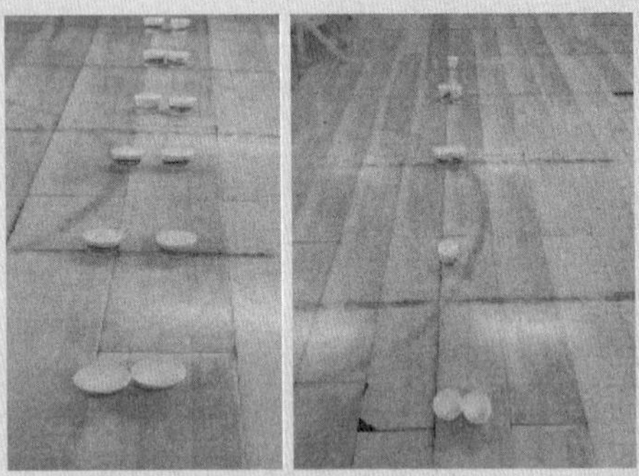

准备纸杯、纸壳，设置起点和终点，将杯子单个间隔摆成一列，杯口朝上、朝下随意摆放，或两个杯子为一组，间隔摆成一列，杯口朝上、朝下随意摆放，或一个、两个杯子间隔着随意摆放成一列。

【活动建议】

1.与幼儿讨论确定杯口朝上和朝下、一个杯子和两个杯子所对应的动作。

2.根据讨论结果，幼儿分组排在起点线上进行相应动作的练习。如：单个杯子为单脚跳，双个杯子为双脚跳，杯口朝上为双脚分开跳，杯口朝下为双脚并拢跳，两个杯子为一组间隔摆放的练习双脚行进跳，单个杯子间隔摆放的练习双脚两侧行进跳等。

3.练习一定时间后，可轮换组别进行游戏，注意引导幼儿遵守游戏规则，避免拥挤。

4.注意与其他动作练习有机组合，避免持续练习跳的动作造成肌肉疲劳和损伤。

案例三：趣味拍球

【活动目标】

1.能自主探索各种球类游戏，提高创新能力和拍球、控球的能力。

2.会与同伴合作玩球，增强合作意识，提高对球类游戏的兴趣，培养幼儿的拍球能力。

【环境创设】

球若干、空地。

【游戏建议】

1.每人一个皮球，自主探索皮球的玩法。

2.教师可引导幼儿一人独自连续拍球和花样拍球，也可以两人或多人拍球、滚球、抛接球等。

案例四：抢球大战

【活动目标】

1.锻炼反应能力，提高身体动作的敏捷性。

2.在游戏中树立规则意识。

3.乐意参与体育游戏，体验游戏的乐趣。

【环境创设】

1.场地中间摆放大篮子和一些皮球。

2.场地四周放4个呼啦圈。

【游戏建议】

四个呼啦圈上分别站一名幼儿，在听到开始的口令后，迅速从自己的圈跑到场地中间抱起皮球回到自己的圈子里，一次只能搬运一个皮球，中间的皮球抱完时，可以去对方的圈子里抢皮球，结束的时候谁获得的皮球多谁就获胜。

案例五：合作过河

【活动目标】

1.锻炼与同伴协调一致的能力，培养合作意识。

2.体验游戏的乐趣。

【环境创设】

准备椅子和纸张，设置起点和终点，将椅子背靠背从起点至终点摆放成一排。

【游戏建议】

1. 幼儿排成两路纵队，两个幼儿面对面伸直双手按压住纸张，从起点一直移动到终点，确保纸张不掉落。

2. 幼儿熟练掌握游戏玩法时，可以把纸张替换成皮球、地垫等。

3. 可分组开展竞赛。每组幼儿人数相等，哪组幼儿先顺利过河即获胜。

案例六：夹娃娃跳

【活动目标】

1. 会双腿夹物连续跳，锻炼身体的协调性、灵活性，增强下肢力量。

2. 在轻松、愉快的氛围中体验游戏带来的快乐，激发运动兴趣。

3. 能与同伴合作游戏，有一定的规则意识。

【环境创设】

准备布娃娃和椅子，设置起点和终点，将椅子从起点至终点间隔摆放成 3 排，每排 6 张。

【游戏建议】

1. 游戏开始，幼儿可分散练习双腿夹娃娃跳，教师引导幼儿掌握夹娃娃的方法，并注意与同伴保持距离，避免冲撞。

2.分组开展竞赛。幼儿分成三队，每队第一名幼儿双腿夹好娃娃，从起点出发，呈S形绕过每张椅子到达终点后，用手拿起娃娃跑回起点传递给下一名幼儿，然后到队伍后面排队，直至本队幼儿都完成一次游戏，哪队幼儿先完成即获胜。

案例七：螃蟹运球

【活动目标】

1.锻炼与同伴合作夹球的能力和身体平衡、协调能力。

2.感受与同伴合作的快乐。

【环境创设】

在教室内设置起点和终点，地面上设置若干直线或波浪线，准备小皮球若干。

【游戏建议】

1.幼儿两两结伴，自主练习在不用手碰球的情况下，尝试用身体面对面或背对背的方式夹球在地面的直线或波浪线上走，确保皮球不落地。

2.开展分组竞赛。幼儿分成人数相等的两队，每两个幼儿为一组，统一用身体面对面或背对背夹球，从起点出发，运球至终点，抱球跑回起点传递给下一组幼儿。运球过程中确保不用手碰球，皮球若不慎掉落，要捡起重新开始，哪队幼儿先全部完成运球即获胜。

案例八：鳄鱼来了

【活动目标】

1.在游戏中，发展走、跑、爬等技能，提高动作的协调性和灵敏性。

2.锻炼幼儿的反应能力、专注力。

【环境创设】

游戏图谱一张，图谱上注明幼儿手持呼啦圈坐着围成一个圈，标明走、跑、爬的方向。

【游戏建议】

1.带领幼儿进行走、跑、爬等动作练习，进行热身运动。

2. 幼儿分成两组，一组幼儿手持呼啦圈围成一个圈坐好，另一组幼儿绕圈外随节奏快慢进行交替走或跑，一旦听到“鳄鱼来了”，赶紧钻进圈里躲藏，未进圈被抓的幼儿暂停游戏在边上稍作休息。游戏玩几轮后，两组幼儿交换角色进行。

案例九：传纸杯

【活动目标】

1. 锻炼幼儿的专注力、手眼协调能力。

2. 学习与他人合作，体验活动的乐趣。

【环境创设】

利用班级的椅子排成 4 排，幼儿人手一根彩色吸管、纸杯若干。

【游戏建议】

1. 幼儿自由选择玩伴，每人取一根吸管站成圈，取一个纸杯循环练习用吸管传递纸杯，传递过程中确保纸杯不落地。

2. 分组开展传递纸杯竞赛。幼儿分成人数相等的 4 队，每人拿一根吸管坐在椅子上，或站在椅子前，从第一个幼儿开始，用吸管顶杯子向下依次传递，每队传递 5 个纸杯，速度快者为胜。比赛的规则是，在传递纸杯过程中，手不能碰纸杯，纸杯在哪个幼儿处掉了要及时捡起继续传递。

案例十：看谁楼房高

【活动目标】

1. 能推滚轮胎绕障碍前行，锻炼手眼协调性及控制方向的能力。

2. 能遵守竞赛中的游戏规则，增强规则意识。

【环境创设】

准备中等轮胎两个，旺旺牛奶罐若干。设置起点和终点，间隔摆放椅子成两路赛道，每个赛道摆放 4 把椅子，在起点处用篮子放置牛奶罐，在终点处设置建筑区域。

【游戏建议】

1. 幼儿自主练习。幼儿在起点将一个牛奶罐放进轮胎中，推滚轮胎出发，依次绕过 6 把椅子，到达终点时，将牛奶罐放在搭建区域后从场地两侧推滚轮胎返回到起点，传递给下一名幼儿，第二名幼儿到达终点后将牛奶罐向上搭高楼，依此类推，游戏反复进行，楼房可越盖越高。

2. 以竞赛形式开展游戏。幼儿分成人数相等的两队，规定时间内哪队的楼房搭建得又高又平稳即获胜。

3. 提醒幼儿在推滚过程中，要尽量平稳地把轮胎中的牛奶罐运送到搭建区域，在搭建楼房时本组幼儿要互相配合，不仅要注意楼房的高度，还要注意楼房的稳固性。

（三）大班

案例一：挑水

【活动目标】

1. 练习单肩挑水在椅子中绕着走，锻炼协调能力和平衡能力。

2. 喜欢室内体育游戏，乐于参加室内运动。

【环境创设】

准备扁担（或小棒）、小水桶若干，设置起点和终点，将八张小椅子在起点和终点间摆成左右交错的两排。

【游戏建议】

1. 自主练习。幼儿单肩挑水，自由练习在交错摆放的椅子中绕着走，努力不让水桶碰到椅子。

2. 分组开展竞赛。幼儿分成人数相等的两队，每队第一名幼儿单肩挑水从起点出发，绕过四张椅子到达终点线后直接返回，将扁担和水传递给本组的第二名幼儿，游戏依次进行，哪队最后一名幼儿先回到起点即获胜。

案例二：绳子乐

【活动目标】

1. 探索绳子的各种玩法，掌握玩绳的基本技能，促进走、跳、爬、钻等动作发展。

2. 会一物多玩，体验创造性玩绳的乐趣，发展幼儿的想象力和

创造力。

3. 学会与同伴合作，增强团队协作意识。

【环境创设】

提供椅子和长绳、短绳若干，引导幼儿将绳子摆成“=”或“S”形等图形；用椅背将长绳子架空，离地面高度约 50 厘米；将 5-8 条绳子间隔摆放。

【游戏建议】

1. 引导幼儿自由结伴，交流、分享利用长绳或短绳锻炼自己的身体。

2. 引导幼儿根据绳子的摆放方式，尝试练习开合跳、螃蟹走、拔河、跨栏、贪吃蛇、从绳子下方匍匐爬等玩法，促进走、跳、爬、钻等动作发展。

3. 提醒幼儿游戏中注意安全，避免互相冲撞。

案例三：合作运书

【活动目标】

1. 能与同伴合作双手夹物通过障碍物，提高动作的协调性。

2. 乐意与同伴协调配合，增强合作意识，并体验游戏成功的喜悦。

【环境创设】

利用班级的椅子、桌子、书本和篮子，将椅子背靠背摆放成一长列，将桌子交错着排成一列，并设置起点和终点，在终点处放置空篮子。

【游戏建议】

1. 两名幼儿面对面分别站在椅子两边，双手合力夹住书本，然后协调一致地通过椅子障碍，到达终点后，两人分别跑回原队伍，站在队伍的后面，等候再次游戏。

2. 两名幼儿面对面分别站在桌子两边，双手合力夹住书本，然后协调一致地通过桌子障碍，到达终点，将书放于篮子里，两人从桌子下钻爬回原队伍。

3. 引导幼儿根据自己的能力，选择不同的路线进行练习。

4. 可分组开展竞赛，比比哪组幼儿在合力夹书过障碍中，既没让书本掉落，又速度快。

案例四：友情传递

【活动目标】

1. 能四肢撑住传递物品，锻炼四肢的耐力及身体的协调性。

2. 体验和同伴共同游戏的快乐。

【环境创设】

利用班级现有的篮子和适合抓握的玩具若干，将玩具放进一个篮子里，空篮子放置在另一边。

【活动建议】

1. 幼儿找同伴分散自主练习。面朝下四肢着地撑住并排着，将左边篮子里的玩具依次传递到向右边的空篮子里，再从右边篮子传递回左边篮子。传递时可侧向排列，也可正向排列。

2. 可分组开展竞赛。幼儿分成人数相等的两组，面朝下四肢着地撑住排成一横排，在两端分别放一个篮子。左边篮子装有大小适合抓握的玩具，右边放着一个空篮子。左边的第一名幼儿从篮子里拿一样玩具，然后依次传递给下一个幼儿，最后一名幼儿拿到玩具后将玩具放于篮中，哪组幼儿先传递完玩具，哪组获胜。

3. 在竞赛中可变化队伍排列的方式，可面朝下四肢撑住地面侧向排列或正向排列，熟练掌握游戏玩法后，可向幼儿提出更大的挑战，尝试面朝上四肢撑住地面传递玩具。

案例五：齐心协力

【活动目标】

1. 练习匍匐爬的动作，提高身体的协调性。

2. 提高幼儿的专注力及团队协作能力。

【环境创设】

准备纸杯若干，设置起点和终点，利用班级的椅子，将若干椅子倒扣着摆放形成一个长“隧道”，下方垫上地垫。

【游戏建议】

1. 幼儿自主练习。幼儿尝试着从起点出发，用匍匐爬的方式通过“隧道”，到达终点后跑回起点等候再次游戏。

2. 幼儿能较熟练地从“隧道”中通过后，在起点处投放纸杯，

每个幼儿每次拿上一个纸杯，通过“隧道”后，将手中的纸杯摆放在指定的位置搭建纸杯塔。注意搭建纸杯塔时要有序叠高，不让纸杯塔倒塌。

3. 可分组开展竞赛。幼儿分成人数相等的两组，每个幼儿拿一个纸杯鱼贯式通过“隧道”，有序搭建纸杯塔，哪组幼儿先全部通过“隧道”完成搭建，且搭建的纸杯塔更高，哪组获胜。

案例六：桌椅大变身

【活动目标】

1. 能将桌、椅自由组合成游戏场地，复习跨、跳、爬等动作，提高身体的协调性和灵活性。

2. 乐于参加体育游戏，体验游戏的快乐。

【环境创设】

引导幼儿利用班级桌、椅，自由组合，自主创设游戏场地。

【游戏建议】

1. 引导幼儿将桌子、椅子用拼、叠、错落摆放、组合等方式创设游戏场地，复习跨、跳、钻、爬等动作。

2. 教师注意观察桌、椅摆放的稳固性，确保幼儿活动的安全。

3. 提醒幼儿游戏时有序进行，避免争抢和碰撞。

案例七：穿过地雷区

【活动目标】

1. 能绕障碍跑和折返跑，动作灵敏，提高身体的控制能力。

2. 体验与同伴共同游戏的快乐。

【环境创设】

准备若干的彩色纸杯，在地面上间隔摆放上纸杯，创设成地雷区，并设置起点和终点。

【游戏建议】

1. 幼儿自主练习。从起点至终点区间间隔着摆放彩色纸杯（地雷）成地雷区，幼儿从起点出发尽量快速通过地雷区到达终点，从地雷区两侧快速跑回起点，等待再次游戏。注意通过地雷区时双脚不能碰到纸杯。

2. 分组开展竞赛。将纸杯从起点至终点间隔着摆放成四列，幼儿分成人数相等的四组，每组第一名幼儿先行出发，绕过每个地雷至终点后，快速跑回拍一下第二名幼儿后排到本组队伍后面，第二名幼儿紧接着出发，游戏依次进行，哪组幼儿先全部顺利通过地雷区即获胜。在游戏过程中，若碰倒纸杯要马上扶起来，才能继续游戏。

案例八：飞盘飞起来

【活动目标】

1. 掌握飞掷布飞盘的动作，能够用力向远处和高处飞掷飞盘，并尝试接住飞盘，提高手眼协调能力。

2. 喜欢体育游戏，感受游戏的乐趣。

【环境创设】

幼儿每人一个布飞盘，将班级的桌子、椅子集中、整齐摆放成一排在教室的中间作为中线，在距离中线 2—3 米的两边各设置一条边界线。

【活动建议】

1. 幼儿自主练习飞掷布飞盘，掌握布飞盘飞高、飞远的动作要领。

2. 幼儿分成人数相等的两队，分别站在两端的边界线，互相飞掷布飞盘，并尝试接住对方的布飞盘。

3. 开展竞赛。在规定的时间（1 分钟）内，双方站在各自的边界线内互相飞掷飞盘，游戏停止后，哪队场地上的飞盘数量少即获胜。竞赛可反复开展。为提高游戏的趣味性，可增加奖惩措施，如输的队罚做青蛙跳 10 次或俯卧撑 5 个等。

案例九：我是大力王

【活动目标】

1. 能借助楼梯运用双手交替提升重物，增强上肢力量。

2. 在体育游戏中，体验成功感。

【环境创设】

利用楼梯的空间，投放粗麻绳若干，绳头上固定安全扣；灌好水的大小不一的饮料瓶若干。

【游戏建议】

1. 两名幼儿为一组，一名幼儿在上，坐楼梯最上面一级台阶，用手抓住麻绳，双手交替拉绳子，把瓶子拉到自己跟前后摘下瓶子，再将绳子放下去，反复进行。一名幼儿在下，负责将绳头上的安全扣扣在水瓶上。直到把大小不一的水瓶都拉上去之后，两名幼儿可以交换场地，同时，楼梯上的幼儿要把拉上去的水瓶再提回楼梯下。

2. 楼梯台阶的高矮、水瓶的大小可根据幼儿的能力进行灵活调整，以更好适应幼儿游戏的需要。

案例十：穿越火线

【活动目标】

1. 运用多种动作通过“火线”障碍，促进钻、跨、跳、爬等动作的发展。

2. 养成良好的规则意识。

【环境创设】

利用楼梯或走廊的空间，引导幼儿将红绳高低、直着、斜着不规则地设置成“火线网”，并在火线上悬挂铃铛。

【游戏建议】

1. 幼儿通过钻、跨、跳、爬等动作避开“火线”，通过障碍。

2. 提醒幼儿遵守游戏规则，碰到火线引起小铃铛发声则回到起点重新开始游戏。

模块七　运动会

运动会是以年龄组或班级为单位开展的竞赛性、游戏性运动集会，是一种以团体参与方式为主的大型体育活动组织形式。

运动会以其团队活动特有的精神氛围、竞赛方式等特点，深受幼儿喜爱，能激发幼儿参与锻炼的兴趣，提高幼儿参与活动的积极性，也为幼儿提供了一个互相学习、交流的机会。运动会可根据需要以亲子活动、班级运动竞技等形式开展，可以成为向家长开放幼儿体育锻炼成果的展示平台，可以向家庭普及健康教育以获得家长对幼儿体育锻炼的更多了解和支持。

一、运动会的目的和意义

第一，培养幼儿对体育的兴趣，形成锻炼的习惯。

第二，培养幼儿坚强、勇敢、抗挫的精神品质和自信开朗的性格，让幼儿在各种有趣的竞赛性游戏中体验运动的快乐、竞争的乐趣、成功的喜悦。

第三，让幼儿在运动会中得到体能的锻炼，增强各年龄段幼儿动作的灵活性和协调能力。

第四，培养幼儿之间的友好合作精神，感知团结奋进的力量，感受合作精神的美好。

第五，培养幼儿的集体荣誉感，树立团队意识和竞争意识。

第六，通过形式多样的亲子游戏，增强家长与孩子之间的情感交流，更好地达到家园同步，实现家园共育。

二、运动会的内容

运动会的内容主要包括以下几个方面：

（一）准备

运动员入场、园长致辞、家长代表讲话、运动员代表宣誓等。

（二）表演项目

体育才能展示（溜冰队、滑板车队、篮球队、跆拳道队、武术队、足

球队、街舞队、啦啦操队等），幼儿团体操表演（模仿操、韵律操、武术操、器械操等），集体舞，亲子表演（亲子集体舞、亲子广场舞、亲子健身操等）。

（三）比赛内容

幼儿基本动作项目、骑小车、球类、亲子游戏等。

（四）表彰

为优胜集体、个人颁奖。

三、运动会的实施策略

（一）目标定位

应符合各年龄段幼儿的发展特点，实现运动技能与其他领域目标协调发展。如：运动技能与抗挫能力协同发展，良好的情绪体验与坚强勇敢、坚持到底等良好学习品质协同发展，积极的情感态度与团队合作、竞争意识协同发展，亲子情感交流与家园共育协同发展。

（二）内容选择

应考虑幼儿的运动兴趣、运动经验、运动能力和运动需要。如：哪些运动项目是幼儿感兴趣的？哪些项目是该年龄段幼儿能达标的？需要帮助幼儿积累哪些运动经验？哪些运动项目是该年龄段幼儿所需要并能促进幼儿在原有运动水平上获得发展的？一般运动会项目的选择与日常体育活动目标一致，以锻炼幼儿身体为目的。

（三）方案的制定与执行

应充分发挥幼儿的主体作用，争取家长的支持与参与。如：运动会会徽的设计、竞赛项目的选择应与幼儿共同协商确定，活动主持由教师和幼儿共同完成；亲子比赛项目的选择应与家长、幼儿共同协商确定，运动会材料的准备争取家长和幼儿共同完成，活动现场的秩序、比赛项目的衔接招募家长志愿者配合完成。

（四）前期准备

从方案的制定、活动的启动开始，应让幼儿和家长知悉并参与，可让幼儿和家长做好充分的心理准备和运动经验积累。场地要提前规划和排查，消除安全隐患。人员的分工要明确，责任到人。

（五）组织形式

组织形式应多样，包含以年段或班级为单位的集体风采展示、需小组协作完成的竞赛、以彰显个人运动技能的竞赛、以亲子为单位的竞赛等。组织形式根据幼儿的年龄不同应有所区别，如小班运动会的项目以亲子运动和趣味运动为主，大班以团体协作竞赛项目为主并富有挑战性。此外，运动项目应能够面向全体，让每个幼儿都有参与的机会。

（六）时间安排

时间安排要科学合理，一般安排在秋、冬季，每个年龄段安排半天的时间。在运动会中还应注意幼儿的运动负荷，比赛与休息有机结合。

此外，运动会的实施应按事先制定好的方案严格执行，各成员按预先分配的任务提前到场，团结协作、分工负责，确保器材和场地的安全，各项程序衔接紧凑，会场氛围活泼。

四、活动案例

庆元旦亲子运动会

新年的钟声即将敲响，在这辞旧迎新之际，为激发幼儿参加体育活动的兴趣，提高幼儿的运动能力和自信心，促进亲子情感沟通和家园和谐共育，共同分享节日的快乐，经研究决定开展以家园同乐为主线的亲子运动会，现将活动方案制定如下：

一、活动主题

我运动，我快乐。

二、活动组织形式

亲子运动会。

三、活动总目标

1. 激发幼儿参加体育活动的兴趣，在与同伴、家长、教师的共同运动中感受运动的快乐，萌发参加运动锻炼的愿望。

2. 让幼儿在体育活动中身体素质得到锻炼，发展幼儿动作的协调性和灵活性，促进幼儿身体全面发展。

3. 培养孩子积极进取、勇敢坚强的优良品质和不怕困难、勇于拼搏的精神。

4. 加强亲子情感交流，增加幼儿之间、家长之间、师生之间、家

园之间的沟通，感受幼儿园大家庭的温暖，加深亲子情、师生情、家园情。

5.让幼儿和家长感受节日的气氛，共享节日的快乐。

四、活动组织者

小班段全体教师。

五、活动时间

××××年××月××日下午3:00。

六、活动地点

幼儿园大操场。

七、活动对象

小班段全体教师和幼儿（每位幼儿由一位家长陪同）。

八、任务分工

（一）方案制定

年段长与家长代表、教师代表共同商定。其中，比赛项目由各班教师和幼儿共同商定。

（二）运动会前准备

运动器械、材料准备、基本动作练习等由各班教师、幼儿、家长共同参与。

（三）运动会现场的人员安排

1.组长：年段长。

2.主持人：×××、×××。

3.音乐：×××（进场＋开场＋四个游戏＋结束＋颁奖）。

4.颁奖事宜（奖台的布置、奖品的保管与分发）：×××。

5.班标布置：×××。

6.赛道布置：×××、×××。

7.场景布置、现场秩序的维持与活动的衔接。

（1）总负责：年段教研组长。

（2）组员：非当班教师和家长志愿者。

（四）各亲子游戏负责人

1.传球接力：小×班教师××。

2.袋鼠跳：小×班教师××。

3. 跳圈：小 × 班教师 ××。

4. 抢毛球：小 × 班教师 ××。

（五）任务须知

1. 游戏以班级为单位，分组同时进行比拼。场地上有相应的赛道，如小（1）班对应的就是 1 号赛道。

2. 各班主任须通知家长认真阅读游戏玩法和规则，并教会幼儿理解游戏玩法和规则，所需的运动技能应在幼儿园日常体育运动环节进行练习或在家中与家长共同练习。

3. 家长与幼儿在运动会当天应根据运动会前自选的项目参加比赛，如需要调整的须与教师和其他家庭商量，避免自行调换影响比赛进程。

4. 负责以上游戏的教师，必须落实游戏的人数、器械、场地设置以及游戏过程的监督。

九、活动流程

1. 2：40 家长到班级将幼儿的椅子带到操场，按照场地布置的示意图摆放在规定的位置。

2. 幼儿点心后，当班教师组织幼儿进场，按指定位置与家长共同就座。

3. 园长致辞。

4. 分两组进行热身游戏“小宝贝”。热身结束后，家长回班级方阵。

5. 全体师生共同表演“小动物模仿操”。

6. 依次进行四个体育游戏：传球接力、袋鼠跳、跳圈、抢毛球。

7. 每个项目结束后，当场进行颁奖，由孩子代表上台领奖，各班家委轮流颁奖。

8. 游戏结束，全体家长和幼儿表演“欢乐多”，在轻松愉快的氛围中结束活动。

十、注意事项

1. 参加活动时不拥挤、不高声喧哗、不乱丢垃圾。

2. 活动的整个过程，请家长们带好自己的孩子，尽量不离开自己班级的方阵。

3. 中途有特殊情况要离开的家长须向本班教师请假，并将椅子搬回班级。

4. 为了活动安全，请所有家长和幼儿都穿着便于活动的服装。

模块八　远足

远足是幼儿园根据幼儿的年龄特点和能力水平，结合周边环境有目的、有计划地组织幼儿步行到离园较远的公园、郊外、爱国主义教育基地或社区等为目的地的活动，用以开阔幼儿的视野，丰富幼儿的社会感知和情感体验，锻炼幼儿的体魄。

一、远足的内容与功能

（一）远足与自然教育的结合

自然界是个大课堂，借着春游、秋游之际，开展远足活动，让孩子徒步走到离园较远的美丽公园，共同去感受蓝天、白云、阳光的温暖，去倾听鸟儿、虫儿的鸣叫，去观察花草、树木的变化，去收集记录植物的美和春、秋游的感受，这样既锻炼了幼儿的体魄，又让孩子在大自然中增长知识、开阔眼界、启迪智慧，学会欣赏、感受大自然的美，激发热爱大自然美好事物的情感。

（二）远足与主题教育的结合

如在消防安全日来临之际，将远足与参观消防大队相结合。活动中先徒步到消防大队，接着在消防战士的带领下参观他们的基地，聆听消防战士关于消防车、消防设备、火灾危害、火灾预防等的介绍，观摩消防战士的灭火与救援演练，最后，全体师生为消防战士赠送绘画、手工作品等小礼物。 活动在培养幼儿不怕困难、坚持到底意志品质的同时，也促进了幼儿与消防战士的人际交往，增强了幼儿的消防安全意识。

这样的结合还有很多，如在“庆国庆”主题教育活动中，将远足与参观爱国主义教育基地相结合；在“ 九九重阳”主题教育活动中，将远足与到敬老院开展“敬老爱老”活动相结合；在“全民阅读日”中，将远足与到图书馆开展阅读体验活动相结合……这些主题教育活动与远足活动的融合开展，不仅让幼儿的身体素质和坚强意志得到了锻炼，同时，也培养了幼儿热爱祖国、尊老爱老等情感，形成喜欢阅读等良好习惯，对促进幼儿的全面发展起到积极作用。

（三）远足与家庭联动小组活动的结合

家庭联动小组是两个家庭以上的人员自愿组成的活动小组，他们充分利用周末、节假日等时间，组织开展形式多样的亲子活动，将远足与家庭联动小组活动相结合，具有组织便捷、地点多样、活动易于实施、安全更有保障等特点。如，结合季节的变化，可开展春季赏花、夏季垂钓、秋季采摘、冬季赏雪等远足活动。又如，结合各成员所在家乡的风俗，互相邀约参加迎龙、迎灯、迎铁枝等庆典活动。这类活动既发展幼儿的体能，还能丰富幼儿的社会体验，更能促进幼儿同伴间的交往和亲子情感互动。

二、远足的注意事项

（一）遵循循序渐进的原则

远足活动的距离长短或远近，应根据幼儿年龄及体能状况来确定，距离由近及远，时间由短到长，逐步增加，随着幼儿体能的增长，可适当增加负重远足活动，体现循序渐进、逐步适应、逐步增强运动负荷的原则。

（二）确保活动安全的原则

活动地点的选择以及远足的过程中，应充分考虑幼儿的安全，在出发前做好踩点及全面的规划工作，如提前摸排行走路线的道路是否完好、是否有建筑装修情况、要经过几个十字路口、提前与交警做好对接、提醒幼儿穿合适的服装等。

（三）与各领域活动相结合的原则

远足活动应与各个领域的活动相结合，使其成为综合的教育活动，充分挖掘其教育价值。在每次活动中，还要对幼儿提出观察、锻炼的要求，方便幼儿有针对性地进行活动。

三、各年龄班远足路程及时间规划

年龄班	场次	路程	往返时间
小班	1	0.25公里	30分钟左右
	2	0.5公里	50分钟左右
中班	1	0.75公里	60分钟左右
	2	1公里	70分钟左右
大班	1	1.25公里	80分钟左右
	2	1.5公里	90分钟左右

四、活动案例

案例一：春季远足活动方案（小班）

【活动地点】

白岩公园。

【活动路线】

幼儿园—公安局—白岩公园大门（大约 1 公里）。

【活动时间】

×××× 年 ×× 月 ×× 日 8：30—11：00。

【活动目标】

1. 走进自然，亲近自然，感受春天的美景，激发热爱大自然的情感。

2. 在远足中锻炼徒步行走的能力，增强体质。

3. 在远足中促进不怕累、克服困难的品质培养。

4. 通过同伴之间的相互分享，增进同伴互动，体验集体活动的快乐。

5. 爱护环境，不随便乱扔果皮纸屑，养成讲卫生的好习惯。

【活动准备】

1. 事先对幼儿进行安全、卫生教育。

2. 请家长帮助孩子穿舒适轻便的鞋子和便于穿脱的衣服。

3. 请家长帮孩子准备适量便于幼儿携带的零食、饮料、餐巾纸及小废物袋等相关物品。

4. 趣味相框、铃鼓、剪刀、垃圾袋、保鲜袋、废报纸、纸巾等。

【活动过程】

1. 教师组织幼儿整队，对幼儿进行交通和活动安全教育。

2. 教师引导幼儿观察大自然的景色，感受春天的美景。

（1）摸一摸草地，感受春天嫩绿的草地。

（2）看一看树的颜色，感受春天颜色的美。

（3）闻一闻花，感受花儿的香味。

3. 组织幼儿寻找春天在哪里，并用“趣味相框”与大自然拍照。

4. 集体游戏吹泡泡、丢手绢等。

5. 组织幼儿拍集体照。

6. 快乐野餐。

（1）分享美食，体验集体活动的快乐。

（2）教育孩子不随便乱扔果皮纸屑，养成讲卫生的好习惯。

7. 清理场地，整理幼儿物品，清点幼儿的人数，等待家长接幼儿回家。

案例二：秋季远足活动方案（中班）

【活动地点】

仙亭山公园。

【活动路线】

幼儿园—建山路—六中—仙亭山公园（大约 1.5 公里）。

【活动时间】

×××× 年 ×× 月 ×× 日 8：30-11：00。

【活动目标】

1. 锻炼徒步行走的能力，增强体质和体能。

2. 促进形成坚持、独立等良好的意志品质。

3. 开阔视野，丰富生活与知识经验，并学会观察、欣赏大自然中的美。

【活动准备】

1. 做好有关远足事项的通知，包括时间、地点、接送方式、家长要配合的其他事宜。

2. 请家长给孩子穿轻便的服装和鞋子，以方便步行。每人带一个双肩背的小书包，内装适量的零食、纸巾及一个垃圾袋，教育孩子保护环境，不乱丢垃圾。

3. 植物叶子观察记录表，叶子采集袋。

4. 通知家长 8：20 前送幼儿来园，11：00 到文化广场接孩子。

【活动过程】

1. 8：20 之前，孩子们在教室集中，教师交代远足注意事项，做好点名工作。

2. 8：30 组织幼儿到操场集中，集中进行安全教育，教育幼儿要遵守活动纪律，不随意离开队伍，不掉队，并以班级为单位排队步行到仙亭山公园。

3. 组织幼儿感受秋天的景色变化。寻找秋天，观察记录植物叶子的特征；采集不同植物的叶子，带回作为班级美工区的创造材料。

4. 与“美丽的秋天”合影。

5. 同伴间分享零食，培养分享意识和行为。

6. 场地整理，养成爱护环境的意识。

7. 活动结束，家长到文化广场接回孩子。

案例三：重阳节主题教育及远足活动方案（大班）

【活动地点】

敬老院。

【活动路线】

幼儿园—建山路—文化广场—敬老院（大约 1.6 公里）。

【活动时间】

×××× 年 ×× 月 ×× 日 8：30—11：00。

【活动目标】

1. 锻炼徒步行走的能力，增强体质和体能。

2. 表达对爷爷奶奶的关爱之情，从小培养敬老爱老的美德。

3. 形成团结合作意识，提高自理能力。

4. 锻炼社会交往能力和口语表达能力。

【活动准备】

1. 提前与敬老院做好联系。

2. 准备小节目如儿歌朗诵、跳舞、唱歌等。

3. 做好有关远足活动的事项通知，包括时间、地点、接送方式、家长要配合的其他事宜。

4. 请家长给孩子穿轻便的服装和鞋子，以方便步行；每人带一个双肩背的小书包，内装适量的零食、纸巾及一个垃圾袋，教育孩子保护环境，不乱丢垃圾。

5. 通知家长 8：20 前送幼儿来园，11：00 到敬老院接回孩子。

【活动过程】

1. 8：20 之前，孩子们在教室集中，教师交代远足注意事项，做好点名工作。

2. 8：30 组织幼儿到操场集中，以班级为单位排队步行到敬

老院。

3. 敬老院实践活动。

（1）组织孩子做好协调与分工。每两个孩子负责一位老人或每三个孩子负责两位老人，陪老人聊天或下棋。

（2）为老人做一些力所能及的小事，如帮老人按摩、梳头、端茶、倒水、洗水果和剥果皮等，在点滴细节上关怀老人，给老人们带去温暖。

（3）为老人表演小节目儿歌朗诵、跳舞、唱歌等，给老人带去欢声笑语。

4. 与同伴和老人们一起分享零食，培养关爱和分享的意识。

5. 活动结束，与老人告别，家长接孩子回家。

模块九　幼儿园体育活动评价

幼儿园体育活动的评价，是为了掌握幼儿体育活动的现状，了解幼儿体育教学的发展状况，同时为促进幼儿体育活动的有效开展提供科学的依据。它是一个复杂的系统工程，评价的对象、内容繁多，评价的途径、方法、手段和类型也多样。评价要贯穿于体育活动的每一环节，着眼于幼儿身心发展的每一方面，为形成幼儿终身参与体育活动的理念奠定良好基础，为体现幼儿自主运动精神提供最大可能。也就是说，评价要注重幼儿发展状况、活动兴趣、动作学习过程及表现和个性成长规律。

一、幼儿园体育活动评价的定义

幼儿园体育活动评价是把幼儿园体育活动作为客观存在的认识对象，在分析的基础上，依据一定的标准对其进行相应的价值判断。幼儿园体育活动评价主要包括对有组织的体育活动（如体育教学活动、早操活动、体育游戏运动）和幼儿自主进行的体育活动（如户外体育活动、运动性活动区活动）的评价。

二、幼儿园体育活动评价的意义

幼儿园体育活动评价是幼儿园教育评价的重要组成部分，是激发幼儿参与体育活动的积极性、引导教学方向、不断提高体育活动质量和使幼儿的个性全面发展的基本手段，是幼儿园体育活动中理论指导实践的主要途径。第一，它以幼儿身心发展的目标为根本评价观，舍弃了以往过于强调教师主体性和权威性的教学模式，改变了随意游戏或让幼儿过多处于被动、单一学技能的状态，让课程更好地为幼儿身心发展服务。第二，评价作为体育活动过程的一部分，能促使教师及时发现问题并解决问题，从而更好地推进幼儿园体育活动的不断发展与完善。第三，幼儿成为体育活动评价的主体，有利于教师转变教育观念，加强幼儿自主运动能力的培养，使其养成自主探索、自主锻炼的良好习惯，促进幼儿主体性的发展。第四，评价的多元性，使得教师能针对不同类型的体育活动对幼儿进行适当的评价和反馈，让幼儿体验运动的快乐。

三、幼儿园体育活动评价的原则

幼儿园体育活动评价是依据幼儿园体育活动目标、活动规律以及活动评价特性而进行的。为了更加合理和准确地进行幼儿园体育活动评价，必须遵循以下几项基本原则。

（一）导向性原则

导向性原则要求评价必须坚持正确方向。在体育活动评价中，对幼儿园教师和幼儿提出一套评价指标，实际上是给他们提出了具体的努力目标和要求。这些指标在体育活动中给教师和幼儿指挥定向。如，“对足球运动产生浓厚的兴趣，并掌握基本的技术技能”是幼儿足球教学的评价导向。

（二）科学性原则

在幼儿园体育活动评价过程中，应科学设计和安排评价标准，努力提高评价的科学化水平，防止评价中的盲目性、随意性和经验主义倾向。贯彻科学性原则，首先要强调评价理论与技术的科学性，提高幼儿园体育活动评价实施者对评价理论与技术的掌握程度。

（三）全面性原则

全面性原则是指幼儿园体育活动评价时要对评价对象各个方面做全面的考察和描述，不应特别突出某一方面。幼儿园体育活动评价所囊括的内容很多，不仅包括体育教学理论、技术技能、身体素质和智力发展，而且延伸至幼儿品德、个性、态度等非智力因素的发展，以及教师的教学行为、授课质量等诸多方面。因此，幼儿园体育活动评价不能以某一方面来评价整体，应以全面的观点来综合地进行评价。

（四）可行性原则

可行性原则是指在幼儿园体育活动评价的设计与组织上要从实际出发，各项指标应是现实条件能基本达到的。根据可行性原则，评价方案设计要通俗易懂、简便易行，评价项目的多少及等级要合理，不能过于复杂。评价指标体系要从体育活动特点出发，是教师和幼儿经过努力能够达到的，这样才能促进幼儿园体育活动质量的提高。

（五）激励性原则

激励性原则是指在幼儿园体育活动评价中，要以适度鼓励为主，借助评价引导幼儿形成良好习惯，提高幼儿锻炼和参与体育运动的兴趣或期望。

四、幼儿园体育活动评价的对象与内容

评价的对象	评价的内容	
幼儿园	组织管理	1.管理层高度重视，将体育活动纳入整个幼儿园工作的议事日程，在每学期保教工作计划中有体现，落实措施具体明确。 2.管理层定时检查体育活动实施状况并记录，发现问题能及时整改。 3.能科学、全面地评价幼儿的运动能力和身体素质，按时开展幼儿体质测查，记录资料真实、完整，及时进行测试结果的分析，并将结果用于指导幼儿进行体育锻炼和游戏活动。 4.有目的、有计划地开展幼儿健康领域的教育研究。
	环境设施	1.幼儿园有充足、安全的运动场地，户外场地夏天有遮阴、冬天有日照；场地类型丰富，适宜幼儿进行不同类型的运动；能充分利用现有场地灵活开展体育活动，因地制宜地拓展幼儿的运动空间，创造丰富、自然并带有一定挑战性的活动场地，确保运动环境安全。 2.有计划地添置、更新和维护体育设施和器材，确保运动设施和器材的安全。 3.不同功能的大型体育设施，中小型体育玩具数量充足，能够满足不同年龄幼儿身体协调发展的需要。 4.有适合幼儿年龄特点的各种运动游戏资源，民间传统资源得到充分开发和利用，自制玩具的材料丰富。
	活动条件	1.活动时间：每天两小时的户外活动，其中一小时的户外体育活动；每周至少安排一次或一次以上的体育教学活动；各年龄班每次活动时间适合本班幼儿年龄特点。 2.活动场地：有充足的空间，场地分布合理；因地制宜，创设环境；综合利用各种场所让幼儿锻炼身体。 3.活动内容：丰富有趣，定期更新；符合幼儿实际发展水平和均衡发展的需要，并能渗透相关的教育。 4.活动材料：丰富多样，适合幼儿能力发展的需要；灵活多变，可根据幼儿的需要进行组合。
	特色创新	1.体育活动有创新、有推进，形成较稳固、可推广的经验。 2.特色鲜明，形成园所体育文化。
幼儿	活动状态	1.对体育活动有浓厚的兴趣。 2.情绪饱满和稳定。 3.积极、主动参与体育活动。
	行为习惯	1.遵守体育活动的有关秩序，形成良好的活动常规。 2.能互相合作，共同游戏。 3.有一定的坚持性，不怕困难。
	活动效果	1.动作发展较好，能完成本年龄段重点发展的动作（小班：走、跑、平衡等。中班：跑、跳、钻等。大班：跑、跳、投等），且动作较准确、灵敏，协调性较好。 2.幼儿运动能力达本年龄段幼儿发展水平，体质合格率达 85%以上。 3.幼儿在体育活动中情绪愉悦，积极主动，养成良好的锻炼习惯。 4.幼儿平均出勤率达80%以上，园内无传染病的爆发流行。

续表

评价的对象		评价的内容
教师	创造条件	1.熟悉并合理选择、安排、调整活动场地与器械。 2.把握好活动时间。 3.提供和制作有效的活动材料。
	活动设计	1.目标定位准确，有针对性和层次性。 2.运动项目、活动内容的选择与安排适中且合理。 3.指导方法灵活多样，具体措施清楚明了。
	组织指导	1.激发幼儿兴趣，引导幼儿主动参与各项体育活动。 2.以语言、动作等做适当的指导，鼓励幼儿利用材料探索多样性的玩法、遵守相关的规则。 3.掌握运动量，能合理安排运动的强度和密度，动静分明。 4.活动中能注意观察，适时给予幼儿帮助和支持，同时能关注个体差异。
	保健安全	1.建立好体育活动常规，并能够坚持执行。 2.根据季节、气候、运动器械及其他具体情况调整活动内容与场地，关注安全与卫生保健的配合。 3.指导过程中把握好个体和整体的关系。 4.活动中对幼儿有积极的保护措施，并及时进行安全教育。

五、各类体育活动的评价

（一）开放式户外运动区的评价

1. 活动目标

（1）活动目标体现多元化、层次化，注重促进幼儿兴趣、情感、能力、知识、技能等的全面发展。

（2）目标内容具有科学性、时代性，贴近幼儿的生活。

（3）目标准确、明确、具体可操作，适合幼儿的年龄特点。

2. 活动过程

（1）活动组织有序，层次清晰，重点突出，时间安排合理。

（2）活动设计为易于感知、操作、探索的形式，并具有反馈、交流、思考的机会，体现游戏化、生活化，幼儿兴趣浓厚。

（3）尊重幼儿主体地位，引导幼儿主动、积极、创造性地学习，重视学习兴趣、方法、能力、习惯的培养。

（4）既面向全体，又关注个体差异，教学设计体现层次要求，坚持正面教育。

3. 教师素质

（1）“两教一保”共同参与，在活动中协调合作，配合默契。

（2）教态亲切自然，既尊重幼儿又严格要求，善于鼓励、调动幼儿的积极性。

（3）语言简练、规范、生动，富有感染力，易于幼儿理解。

（4）基本功扎实，调控活动能力强，有灵活的教学机制和应变能力；关注幼儿，满足其合理要求。

4. 活动效果

（1）幼儿在活动中情绪愉快，态度积极，参与意识强，各种能力在原有水平基础上得到提高。

（2）活动目标基本得以落实。

（3）活动中幼儿表现出良好的学习品质。

（4）活动中幼儿自主性强，主体性发展好。

（二）体育教学活动的评价

1. 目标制订和任务的合理性、完整性情况

（1）目标有全面性与针对性。

（2）有可操作性。

2. 活动内容、安排顺序合理情况

（1）符合幼儿特点。

（2）有规律，有利于幼儿掌握。

（3）时间安排合理。

3. 采用的教学方法、手段的合适程度

（1）合理创设环境，有效利用资源。

（2）形式多样化，能够形成宽松和融洽的活动氛围。

4. 组织形式与各环节是否严密流畅

（1）有效调控，灵活解决问题。

（2）活动指导范围有效。

5. 运动强度、运动密度是否科学

（1）根据内容合理调整活动量。

（2）根据年龄特点选择活动量。

（3）根据活动效果调整活动量。

6. 教师的仪表仪态及讲解示范、现场组织指挥能力

（1）教师的精神状态。

（2）正确形象的动作示范。

（3）生动恰当的言语。

（4）全面细致的观察。

7. 教学完成情况

（1）目标达成度。

（2）幼儿参与活动的态度、广度和深度。

（3）师幼互动状况。

（三）早操活动的评价

1. 适宜性

（1）教师仪表端正，衣着得体大方，适合运动。

（2）镜面示范，动作规范正确。

（3）关注个体差异，师幼互动和谐。

（4）提供适宜的、足够的活动器械。

2. 丰富性

（1）早操的主题内容贴近幼儿的生活实际，符合幼儿的兴趣和学习发展的需要。

（2）根据幼儿的年龄特点及发展水平制定目标，设计和编排难度不同、类型不同的早操活动。

（3）留有弹性的空间，以实现各年龄段体育活动的阶段目标。

3. 均衡性

（1）遵循全面发展的原则，综合、均衡地安排全身各部位的练习，完善早操结构，避免早操舞蹈化。

（2）根据幼儿动作发展的规律，做到动静交替、大肌肉和小肌肉活动交替、自主与集体活动交替。

（3）注意幼儿间的互助合作性行为的有机协调。

4. 合理性

（1）把握不同年龄段的做操时间：小班 8—10 分钟，中班 10—12 分钟，大班 12—15 分钟。

（2）把握早操的活动量，逐渐增加活动量和活动强度，体现运动负荷规律（曲线上升、波形进展、曲线下降）。

（3）能根据幼儿完成早操后的面部表情和出汗程度做简单判定，并及时调整。

5. 审美性

（1）音乐感强，符合幼儿年龄特点；音乐性质符合主题与需要表现的动作协调一致。

（2）能激发幼儿参与的意愿，帮助幼儿在愉快的运动中提升自我。

（3）音乐效果清晰明快，无杂音。

（四）室内体育游戏的评价

1. 场地设置

（1）室内环境充分挖掘。幼儿园的室内空间有限，要充分挖掘可开展运动的场所。

（2）室内空间安排合理。要使有限的空间充分发挥作用，因地制宜地安排室内空间。

2. 材料选择

（1）适宜性。室内运动场地空间受限，提供的运动材料大小应适宜，提供的材料要与幼儿的年龄特点和运动兴趣相适应。

（2）多样性。提供的材料要多样化，数量要充分，以满足不同幼儿的运动的兴趣和需要；材料应能锻炼幼儿身体的各部位，使幼儿身体均衡发展。

（3）灵活性。充分考虑将班级内现有的一些材料进行灵活运用，以达到锻炼幼儿的目的；避免太多的材料占用空间，或给教师额外增加过多准备材料的工作量。

3. 组织形式

（1）组织形式是否灵活多样，包括集体的、小组的或个人自由分散的。

（2）能根据不同的游戏内容采用不同的组织形式，既可以满足幼儿多种活动的需要，避免拥挤，又有利于教师的全面管理。

4. 安全防护

（1）活动开展，以班级为单位，或临近两个班级融合开展，在教师的视线范围内，无安全事故发生。

（2）是否帮助幼儿树立自我保护意识和规则意识，明确安全的重要性，能在规定的环境条件下学会守规则，学会轮流、等待、协商等。

（五）运动会的评价

1. 主题确定，清晰明了

需要明确主题，表述清晰，如“我运动，我快乐”“我的运动我做主”。

2. 目标整合，达成度高

（1）幼儿对体育活动感兴趣，能体验参与的乐趣、运动的愉悦、竞技的快乐，使身体的协调性和灵活性得到增强，身体素质得到提高。

（2）能形成初步的团队合作和竞争意识，体现团结协作的竞争风格，幼儿运动潜能被激发。

（3）能树立良好的自信心，敢于克服困难、不怕挫折，体验胜利和成功的愉悦。

3. 内容丰富，形式多样

活动的内容不能单一乏味，要足够丰富且有多种形式，能实现多个动作的训练。

4. 安排合理，组织有序

（1）流程有序：策划→宣传→准备→进行→总结。

（2）时间的设定、内容的规划、过程的设计科学合理。

（3）参与度高，幼儿、教师、保育员、家长全员发动，人人参与。

5. 活动创新，特色呈现

呈现出开幕式（启动仪式）的特色、闭幕式的特色、园本特色、颁奖方式的特色等。

6. 活动成效好、影响大

（1）能展示幼儿园教师和幼儿的精神风貌，增强幼儿集体荣誉感和团结协作的精神。

（2）让家长了解怎样与幼儿有目的地游戏，怎样对幼儿进行情感教育。

（3）让幼儿在运动中体验快乐，获得身心发展。

（六）远足活动的评价

1. 远足路程与时间的规划科学合理，符合幼儿的年龄特点。

2. 活动地点的选择以及远足的过程中，能充分考虑幼儿的安全，在出发前做好踩点及全面的安全排查工作。

3. 远足方案的制定能与其他教育内容有效融合，实现体育锻炼的主要目标与其他领域目标的协同发展。

4. 活动组织有序，前期的调查和准备充分，活动中能体现幼儿的自主性，活动后能让幼儿记录、表征、交流、分享。

5. 活动成效良好，幼儿在远足中体验快乐，获得身心发展。

模块十　幼儿园运动安全管理与教育

如今，幼儿在园的安全问题越来越受到全社会的关注。幼儿园是幼儿学习、活动的重要场所，幼儿期是人一生中发展最迅速、最基础的时期，让幼儿有一个幸福、快乐、健康、安全的环境是所有家长和教师们的美好愿望。由于年龄尚小，生活经验贫乏，自我保护能力有限，自我保护意识弱，幼儿很容易出现事故和危险。

在幼儿园体育活动中，安全问题尤为突出。体育活动既要保证幼儿的运动时间和运动量，让幼儿充分活动，促进幼儿身体发展，又要保证幼儿的人身安全，这是一个严峻的挑战，也是教师在组织体育活动中最为揪心的问题。因此，加强教师的安全意识和保护能力，提高教师对各类体育活动、体育活动器材有可能发生的安全问题的研判能力，结合日常保育教育过程对幼儿进行运动安全教育，减少运动安全事故的发生，提高幼儿的运动安全意识和自我保护能力是非常必要和重要的。

一、各类体育活动中的安全管理

在体育活动的管理中，让教师明了各类体育活动的安全隐患和应注意的问题，对幼儿提出相应的安全要求，具有重要的现实意义。

（一）体育教学活动

容易出现的问题	教师应关注的问题	教师应对幼儿提出的要求
1.因场地上存在安全隐患，出现安全问题。 2.幼儿之间的间隔距离小造成拥挤。 3.个别幼儿情绪过激，出现攻击性行为问题。 4.规则意识差，自身控制力弱，出现碰撞。 5.没有遵守游戏规则，不理解游戏内容造成安全问题。 6.服装不适宜体育活动。 7.幼儿不能根据自己的水平自主择游戏材料，选择不当造成安全问题。	1.游戏场地的安全状况，如地面不平、有尖锐物等。 2.在集中时，幼儿是否拥挤。 3.幼儿在游戏中的情绪是否稳定。 4.幼儿能否理解活动规则并遵守，是否理解游戏内容和要求。 5.幼儿着装是否适于运动。 6.游戏活动的目标和难易程度是否符合幼儿发展水平。 7.材料投放是否安全、适宜，幼儿能否根据自己的水平选择适宜的材料。	1.和老师一起检查场地上有没存在小石子、图钉等危险物品。 2.集中时提醒幼儿，到教师身边找一个不碰到别人的地方站好。 3.按顺序游戏时，提醒幼儿前面的小朋友到××地方时，下一个小朋友再开始，前一个小朋友不能突然停下来。 4.集体游戏时，提醒幼儿注意不要碰到别的小朋友。 5.集体游戏时，提醒幼儿要一起朝一个方向做动作。

续表

容易出现的问题	教师应关注的问题	教师应对幼儿提出的要求
8.准备动作不充分，运动量过大，身体疲劳，动作不到位，造成安全问题。 9.幼儿在行进中突然停止，互相碰撞。	8.准备动作是否科学，活动的密度、强度是否适宜。 9.幼儿是否出现在行进中突然停止的现象。	6.鞋带开了的小朋友，请等老师帮助你，后面的小朋友绕开他继续游戏。 7.如果你不注意摔倒了，一定要告诉老师。 8.准备活动时要跟着老师充分活动身体的各个部位。 9.如果累了可以停下来休息一会儿再参与运动。

（二）开放式户外体育活动

容易出现的问题	教师应关注的问题	教师应对幼儿提出的要求
1.自主取放玩具时容易产生拥挤。 2.幼儿间不能保持距离或在游戏中不注意躲闪，被他人或器械碰到，出现安全问题。 3.超出区域范围，远离老师视线。 4.不遵守游戏规则，拿着材料到处跑。 5.不能正确使用材料或投放的材料不安全，出现安全问题。 6.幼儿情绪过于兴奋，不能控制自己的身体动作。 7.幼儿的着装不适宜，造成运动安全问题。 8.不能按自己的能力选择区域和材料。运动能力弱的幼儿选择了有一定难度的材料，可能出现安全问题。 9.幼儿在换区时与同伴碰撞。 10.幼儿对区域要求不够明确，出现材料使用不当的现象。	1.幼儿自主收放器械时是否有秩序并注意安全。 2.幼儿间隔距离是否适宜，能否躲闪他人。 3.幼儿是否在规定的区域范围内活动。 4.幼儿是否遵守游戏规则。 5.投放的材料是否安全，幼儿是否掌握正确使用器材的方法。 6.活动情绪是否稳定。 7.幼儿的服装是否适宜。 8.幼儿能否选择适合自己的材料游戏，且各个区域材料摆放顺序是否合理。 9.幼儿能否有序参加活动。 10.幼儿能否明确各个区域的玩法，按规则进行活动。	1.在取放玩具时要有秩序，不要拥挤。 2.请跟其他小朋友保持距离，不要离前面的小朋友太近。玩的时候让你的玩具听话，不让它碰到别人。 3.在设置好的区域内玩，能让老师看到你。 4.要遵守游戏规则，不能到处乱跑。 5.遇到不知道如何正确使用材料的问题时找老师帮忙。 6.奔跑时，要注意控制速度和方向。玩累了的话，可以休息一会再玩。 7.活动前请检查自己的鞋带是否松了，需要老师帮助的请告诉老师。 8.请大家选择适合自己的区域进行游戏，若遇到困难可寻求老师的帮助。 9.请小朋友走到自己想去的区，不要猛跑。 10.请小朋友记住各区域的要求和玩法，按规则正确使用材料。

（三）室内体育游戏

容易出现的问题	教师应关注的问题	教师应对幼儿提出的要求
1.活动空间小，导致幼儿拥挤碰撞。 2.投放的材料不适宜在室内进行游戏。 3.选择的游戏不适宜在室内开展。 4.幼儿不遵守游戏规则，没有掌握正确的方法，出现安全问题。	1.场地运用是否合理。 2.使用的材料是否安全。 3.游戏是否适宜室内活动。 4.是否制定了游戏规则，幼儿能否按规则活动。	1.室内活动空间小，活动时注意与其他小朋友保持距离。 2.要遵守游戏规则，不到处乱跑。遇到不知道如何正确使用材料的问题时找老师帮忙。 3.其他的可根据活动内容和本班幼儿水平，灵活提出要求。

（四）早操活动

容易出现的问题	教师应关注的问题	教师应对幼儿提出的要求
1.活动前，未检查幼儿的着装，出现因鞋带松了导致幼儿摔倒的情况。 2.未全面了解幼儿的身体状况，让不宜剧烈运动的幼儿参与早操活动。 3.体能练习环节，幼儿间不能保持距离，导致拥挤碰撞。 4.热身环节的动作编排不够科学合理或幼儿动作不到位，导致身体各关节未能达到充分活动，造成运动损伤。	1.幼儿的着装是否合理。 2.与家长全面了解幼儿是否适宜参加含剧烈运动的早锻炼。 3.幼儿间隔距离是否适宜，能否等待他人。 4.热身环节的动作编排是否科学合理，幼儿的动作是否准确到位。	1.活动前请检查自己鞋带是否松了，需要老师帮助的请告诉老师。 2.不能参加剧烈运动的幼儿在跑操或体能练习环节请站到前台来，当老师的小助手。 3.请跟小朋友保持距离，不要离前面的小朋友太近。若前一个小朋友未完成，我们稍等一下。 4.请小朋友跟着老师做动作，精神饱满，动作到位，让我们全身的关节都能充分活动起来。

（五）运动会

容易出现的问题	教师应关注的问题	教师应对家长、幼儿提出的要求
1.活动前，未检查幼儿的着装，出现因鞋带松了导致幼儿摔倒。 2.未组织热身，导致身体各关节未能充分活动，造成运动损伤。 3.选择的运动项目和游戏不符合幼儿的年龄特点和发展水平，造成运动损伤。 4.亲子未协调配合，幼儿跟不上大人的步伐和节奏，出现安全问题。 5.人员多，秩序乱，出现拥挤碰撞问题。	1.幼儿的着装是否合理。 2.是否组织热身，家长和幼儿是否积极参与热身，热身时动作是否准确到位。 3.选择的运动项目和游戏是否符合该年段幼儿的动作发展水平。 4.亲子是否能协调配合，家长能否及时关注到幼儿的活动情况。 5.是否遵守活动秩序。	1.活动前请检查自己的鞋带是否松了，需要帮助的请告诉爸爸妈妈或老师。 2.请大家跟着音乐做动作，精神饱满，动作到位，让我们全身的关节都能充分活动起来。 3.请大家在比赛前根据自己选择的运动项目多练习，若觉得很困难及时告诉老师进行调换。 4.请家长在比赛中要关注孩子的活动情况，确保孩子的健康与安全。 5.请大家自觉遵守活动秩序，不乱跑。

（六）远足活动

容易出现的问题	教师应关注的问题	教师应对幼儿提出的要求
1.远足路线的道路破损、路面障碍物多，出现幼儿摔倒或磕碰等安全问题。 2.要经过多个十字路口，过马路时紧张，出现奔跑、拥挤碰撞等问题。 3.远足目的地因地面不平坦、有蜜蜂、花粉、带刺的植物等，出现安全问题。 4.幼儿着装不适宜，出现鞋带松了摔倒、鞋子挤脚磨脚等问题。	1.远足路线的道路是否完好，路面是否通畅。 2.要经过几个十字路口，提前与交警做好对接。 3.远足目的地地面是否平坦，是否有蜜蜂、带刺的植物，是否有幼儿对花粉过敏。 4.幼儿的着装是否适宜。	1.行走时请大家跟好队伍，注意看前方，要避让障碍物。 2.过马路时不紧张，有序通过。 3.有花粉过敏的请提前告诉老师。到达目的地后不追逐乱跑，不去追捕蜜蜂，不攀折花草。 4.请大家穿舒适的运动装、运动鞋。

（七）大型器械活动

容易出现的问题	教师应关注的问题	教师应对幼儿提出的要求
1.幼儿不排队、拥挤。 2.幼儿不能抓牢、踩稳而出现安全问题。 3.幼儿情绪过于兴奋，不遵守规则。 4.幼儿没有掌握每个大型器械正确的玩法，出现安全问题。	1.活动中幼儿是否会出现拥挤现象。 2.幼儿攀登时能否抓牢踩稳。 3.幼儿情绪是否稳定，能否控制好与同伴的距离。 4.幼儿是否明确相应器械的玩法。	1.请小朋友玩的时候有序排队，一个跟一个玩。 2.玩滑梯时，从上往下滑，等前面小朋友滑下站起后，后面的小朋友再滑。 3.请小朋友从正确的地方上滑梯，双手扶好，不推挤。 4.手要时刻抓扶好，看好位置再上下。 5.请小朋友在滑梯上不要停留，不做危险动作。 6.过荡桥的时候，注意抓牢扶手，保持身体平衡，脚步踩稳一块一块板块慢慢通过。 7.玩单、双杆时手要抓牢，倒挂时脚要勾紧。 8.过爬网时，一个跟着一个有序通过，不在里面停留。 9.滑滑索时，手要抓牢了，屁股要坐稳了，才能滑。

教师有良好的安全意识、对安全问题的预见能力是运动安全的一个重要方面。此外，教师还应该结合各年龄班幼儿的特点，开展内容丰富的专题性运动安全教育活动，以提高幼儿的安全意识和能力，使他们能主动地进行自我保护。

二、活动案例

（一）小班

案例一：我会慢慢走（社会活动）

【活动目标】

1. 知道上下楼梯时要慢慢走，能避让他人，不推挤、打闹。

2. 有初步的安全意识和自我保护意识，养成良好的行为习惯。

3. 能够较清楚地表达自己的想法。

【活动准备】

受伤的玩具熊（胳膊和膝盖上缠着纱布）、幼儿日常上下楼梯的图片。

【活动过程】

1. 看望受伤的小熊，引出讨论话题。

（1）引导语：听说小熊受伤了，我们一起去看看它吧！接着，大家一起去看望受伤的小熊。

（2）教师引导幼儿观察小熊的身体与平时有什么不一样。

引导语：小熊，你的胳膊和膝盖上为什么裹着纱布？疼不疼啊？

（小熊：我在楼道里和小朋友追跑，没有好好上下楼梯，下楼时和小朋友推挤就摔倒了，胳膊和膝盖都摔破了，好疼啊！）

（3）请幼儿说一说下楼时应该怎样做。

小结：上下楼梯小手扶好扶手，一阶一阶走，眼睛看着脚底下，不推也不挤。

2. 教师引导幼儿结合实际生活讨论。

（1）你摔倒过吗？为什么会摔倒？摔倒后疼不疼啊？

（2）怎样走路才不容易摔倒呢？

（3）小结：追跑打闹容易摔跤，下楼时不小心或往下跑也容易摔跤。平时走路要看着路慢慢走，下楼时要一个跟着一个慢慢走。

3. 结合幼儿日常上下楼梯的图片，判断对错。

（1）引导语：图片上的小朋友是怎样上下楼梯的，是对还是错？

（2）小结：上下楼梯排好队，扶好扶手靠边走，你不推来我不挤。

4. 游戏“我会轻轻走”。

（1）教师出示小猫头饰，请小朋友说一说小猫是怎样走路的，并学一学。

（2）提示幼儿学习小猫走路，学会儿歌“眼睛看着路，脚下慢慢走，高高兴兴做游戏，保护自己不摔跤”。

案例二：怎样做才安全（语言活动）

【活动目标】

1. 结合故事，理解运动安全，保护自己不摔跤，不受伤。

2. 能够初步辨别安全行为，并能清楚地加以表述。

3. 增强体育运动中的安全意识。

【活动准备】

故事图片。

【活动过程】

1. 欣赏故事。

（1）教师讲述故事前半段，帮助幼儿理解故事内容，引导幼儿初步理解“安全”一词的意思。

故事：小熊和小兔是好朋友，一个阳光明媚的早晨，小熊和小兔约好要过小桥去找小鹿玩。小桥很窄，小兔对小熊说：“你先过好了。”只见小熊双手侧平举，一步一步、又稳又慢地走了过去。小兔看了不屑一顾地说：“你过得太慢了，看我的。”说完，小兔仰着头，一路小跑起来，只听见“扑通”一声，小兔掉进了河里。

（2）提问：

故事的名字叫什么？（小熊小兔过小桥）

他们要去干什么？（找小鹿）

他们是怎么去的？（走独木桥）

小兔发生了什么事？（掉进河里）

小兔是怎么过桥的？（仰着头，一路小跑）

谁的做法更安全？（小熊）

教师带领幼儿一起演示小熊过桥的动作。

（3）讲述故事后半段，帮助幼儿加深理解“安全”一词。

故事：小熊和小兔终于找到了小鹿，三个好朋友高兴地在草地上跑了起来。跑的时候，小熊和小兔眼睛始终看着前方和周围的同伴，但是小鹿却东张西望，跑着跑着摔了一个大马趴……

（4）提问：

小鹿为什么会摔倒呢？（东张西望，眼睛没有看前面和同伴）

小熊、小兔为什么就没有摔倒呢？（眼睛看着前面和同伴）

跑步时怎样做就不会摔倒了呢？（眼睛看着前面和同伴）

2. 观看情景剧表演，引导幼儿正确判断动作的对与错，增强自我安全意识。

（1）引导语：老师请来了哥哥姐姐为我们表演，他们分成了两个组，你们看一看他们哪组的动作是最安全的。第一组哥哥姐姐为我们表演爬的动作，请你们仔细看一看他们爬时距离是怎样控制的。

（2）引导语：第二组哥哥姐姐也为我们表演爬的动作，请你们仔细看一看他们在爬时距离是怎样的。

引导语：第一组谁的动作是安全的？为什么？（人与人之间留有一定的距离）第二组为什么不安全？（距离太近）

3. 巩固安全意识，幼儿自主尝试。

（1）介绍场地设置与材料。（平衡板、垫子、包）

引导语：今天老师为大家准备了这些材料，小朋友们都玩一玩，看谁会用安全的方法进行这些活动。

（2）幼儿自主尝试。

（二）中班

案例一：娃娃上游乐园（社会活动）

【活动目标】

1. 知道如何安全地玩各种大型器械。

2. 初步建立自我保护意识。

【活动准备】

电脑课件、录音机、图片。

【活动过程】

1. 导入活动，激发兴趣。

（1）引导语：今天，娃娃到游乐园玩，看！他们是怎么玩的？

播放电脑课件前半部分。

（2）提问：他们先玩了什么？怎样玩的？这样做安全吗？为什么？应该怎样做？

2. 讨论：在游乐场玩游乐设施的安全事项。

（1）继续看课件，讨论娃娃的行为哪些是正确的，哪些是错误的。

（2）幼儿回忆自己到过的游乐场还有什么好玩的设施。

（3）利用图片，引导幼儿观察其他游乐设施，讨论怎样玩既开心又安全。

（4）延伸提问：平时在幼儿园还有哪些地方要注意安全。

3. 看图片，判断对错。

（1）电话铃响起，原来是邀请小朋友看运动安全图片展（征求小朋友的同意）。

（2）每个幼儿一套安全图片，请幼儿在正确的图片上打钩，在错的图片上打叉。

4. 与幼儿一起复习安全儿歌，自然结束。

案例二：安全标志（综合活动）

【活动目标】

1. 学会制作运动安全标志，知道正确的粘贴方法。

2. 知道要保护自己身体的安全，初步懂得参加各项运动时应注意的安全问题，不做危险动作。

【活动准备】

安全标志一个、画笔、纸、剪刀、胶棒。

【活动过程】

1. 讲一讲

（1）出示安全标志，引导幼儿观察。

（2）提问：这是什么？它代表什么意思？

（3）引导幼儿讨论还有什么安全标志。

2.做一做

（1）请幼儿说一说安全标志的用途，它们会出现在什么地方？

（2）讨论：幼儿的哪些运动场所、运动器械需要制作安全标志？应该怎么做？

（3）引导幼儿制作新的运动安全标志，鼓励幼儿制作与众不同的安全标志。幼儿设计制作，老师巡回指导。

3.贴一贴

（1）请幼儿说一说自己的标志是什么意思，需要贴到哪里。

（2）教师带领幼儿将自己制作的运动安全标志贴到相应的运动场所。

（三）大班

案例一：他怎么了（语言活动）

【活动目标】

1.能结合自身的运动体验，大胆表达想法。

2.具有分析问题的能力，能总结运动安全注意事项，提高安全意识。

【活动准备】

小朋友摔倒的图片。

【活动过程】

1.教师出示小朋友摔倒的图片，引导幼儿观察思考。

（1）引导语：你看到了什么？你觉得他可能是因为什么摔倒的？

（2）幼儿大胆猜想并表达自己的想法。

（3）教师从遵守规则和运动材料摆放等方面进行小结。

2.用故事的形式引导幼儿理解情绪兴奋也容易发生安全问题。

（1）引导语：要想不摔倒、不受伤，应该怎样做？要是别的小朋友摔倒了，你应该怎么做？

（2）幼儿讨论，发表看法。

3.绘画活动。请幼儿结合小朋友摔倒的图片进行创编，用绘画

的形式把事情的前因后果表现出来。

4. 讲述活动。幼儿结合自己创作的绘画作品大胆讲述。

案例二：安全标志我会做（手工活动）

【活动目标】

1. 能大胆设想并积极尝试为班级和幼儿园制作安全标志。

2. 能设计、制作简单的标志。

【活动准备】

“安全出口”标志图一张，图画纸、油画棒、剪刀等美工材料。

【活动过程】

（1）出示“安全出口”标志，引发思考：标志有什么用？这是什么？你在什么地方看到过？它表示什么意思？

（2）你还在什么地方看到过其他的标志？

（3）标志有什么用？

（4）小结：我们的生活中到处都有标志，有了标志我们会感到十分方便，可以大概知道那是什么地方，可以做什么，不可以做什么，要注意些什么，等等。

2. 讨论幼儿园哪些地方需要标志。

（1）在我们幼儿园的哪些地方需要标志呢？（鼓励幼儿大胆表达自己的想法）

（2）我们可以设计、制作一些什么样的标志？为什么？

（3）幼儿自由结伴商量，两个人一组设计、制作一到两个标志。

（4）幼儿交流分享自己设计的标志。

（5）提问：

你设计了什么标志？

你为什么要设计这个标志？

它告诉我们什么？

这个标志应该贴在哪里？

3. 贴标志。请幼儿将自己设计的标志张贴到合适的地方。

案例三：运动安全我来说（语言活动）

【活动目标】

1. 能结合自己的运动经验，学习用儿歌的语言表述运动规则，增强安全意识和自我保护意识。

2. 能积极参与活动，大胆表达自己的见解，尝试集体创编儿歌，体会合作学习的乐趣。

【活动准备】

1. 材料准备

四张不同的运动图片：爬网、走平衡、骑小车、钻桌椅。

2. 经验准备

幼儿有创编儿歌的经验，如针对使用小剪刀和小铅笔、上下楼梯、搭积木、室内活动中的不安全因素进行儿歌创编。

【活动过程】

1. 集体复习自编活动安全儿歌三首，感受儿歌的韵律和节奏。

（1）提问：儿歌的语言和说话有什么不同？

（2）小结：儿歌一般比较简短，节奏感强，读起来朗朗上口。

2. 出示图片，引导幼儿说出几种运动的动作要领及安全要求。

提问：

这是什么运动？

运动时应该注意什么？

你觉得在什么时候容易出危险？

我们学过的钻、爬、平衡的动作应该注意什么？

3. 提出创编儿童要求：幼儿自选一种运动项目，分组进行儿歌创编，教师分组指导。

（1）引导语：请小朋友选择一种运动，分小组进行讨论，每组编出一首关于这种运动的儿歌，儿歌里要把运动的名称、动作和要注意的安全问题说清楚，语言要简单好记。

（2）分组指导。

引导语：你选择的是什么动作？怎样说才好听？你觉得什么地方最容易出危险？应该怎样做？怎么说能让其他小朋友一听就明白呢？

4. 分组展示小组创编的儿歌，引导幼儿评议。

（1）分组请幼儿朗诵创编的儿歌，小组或个人代表都可以。

（2）教师引导幼儿边讨论边修改。

引导语：你觉得这首儿歌编得好不好？好在哪？不好在哪？这首儿歌把动作和应该注意的地方说清楚了吗？怎样说更清楚？

（3）集体朗诵修改好的儿歌。

5. 小结：这是我们小朋友最喜欢的几种运动，我们把动作的要求和应该注意的地方编成儿歌，就更清楚、更好记了，这样我们在运动时就会更安全。

后　记

少年强则国强，孩子的全面发展离不开健康的体魄、顽强的意志。孩子，是每一个家庭的牵挂，是祖国的未来、民族的希望。三岁看大，七岁看老，幼儿教育将为人一生的发展奠定坚定的基础。3至6岁正是人体快速生长发育时期，也是各种基本动作技能和肢体行为习惯定型的关键时期。体育锻炼是影响幼儿生长发育最积极、最重要的因素，而科学合理的体育活动能促进幼儿身体的正常发育，有效增强幼儿体质，同时还可以提升幼儿参与体育活动的兴趣，使其养成良好的运动习惯，为今后的学习、工作和生活打下重要的健康基础。因此，在此阶段中，教师如果能组织幼儿进行科学、全面和有效的体育活动，对幼儿终身的身体形态结构、生理机能、心理健康及情感认知的形成和发展具有重要的影响。

数载孕育，一朝分娩。“快乐运动　健康成长”园本运动课程从萌芽到生长，这一不断纵深发展的历程，有付出的艰辛，也有收获的喜悦。在不断地实践、反思、总结中，伴随着课程的生长，我和同伴们获得了专业成长，我所在幼儿园的文化品质也获得了发展与提升。

回顾来时路，苍茫横翠微。本书从筹划、起草、修改到定稿，历经十年，见证了我对“快乐运动　健康成长”运动课程认识的逐步深化过程。对教师而言，能看到幼儿在运动中基本动作发展的经验，仅仅是开展幼儿园运动课程的第一步；更重要的是，在教师了解儿童的运动经验、发展需要后，如何结合儿童的兴趣、个体差异，从儿童发展的角度出发支持他们实现在原有基础上的进一步发展，这是下一阶段需要深入思考和持续研究的一个重要课题。

本书的完成只是我对幼儿园运动课程研究工作第一阶段画的一个句号，它是未来幼儿运动课程改革探索的一个全新的开始。我坚信，只要心中时刻装着孩子，幼儿教育研究的未来终会收获一片灿烂的天空。

感谢吴荔红教授在课程发展过程中的专业引领，并于百忙之中为本书作序！感谢邹慧敏园长、刘雪芬园长在课程建设和实施过程中的指导！感谢大田实验幼儿园全体同仁在我园运动课程实践中的积极探索和协作支持！正是你们为本书的孕育和分娩提供了丰富的素材和经验。

本书在写作过程中还得到了许多专家和同仁的指导，在这里一并表示诚挚谢意！

笔者水平所限，书中难免有错漏，敬请广大读者不吝赐教。

田尾香

2023年7月于闽中岩城